J. J. Amiet

Die Burgunderfahnen des Solothurner Zeughauses

Beiträge zur Geschichte der Burgunderkriege

J. J. Amiet

Die Burgunderfahnen des Solothurner Zeughauses
Beiträge zur Geschichte der Burgunderkriege

ISBN/EAN: 9783742895868

Hergestellt in Europa, USA, Kanada, Australien, Japan

Cover: Foto ©ninafisch / pixelio.de

Manufactured and distributed by brebook publishing software (www.brebook.com)

J. J. Amiet

Die Burgunderfahnen des Solothurner Zeughauses

Die BURGUNDERFAHNEN des SOLOTHURNER ZEUGHAUSES.

Beiträge zur Geschichte der Burgunderkriege.

Von

J. J. Amiet,
Staatsschreiber in Solothurn.

Solothurn,
Druck von B. Schwendimann.
1868.

Der
schweizerischen geschichtforschenden Gesellschaft

auf ihre

Jahresversammlung

in

Solothurn

den 28. und 29. September 1868

gewidmet

vom

Historischen Verein

von

Solothurn.

Im Jahre 1865 beschloss der Regierungsrath, die zwei interessanteren und am meisten verdorbenen von den Fahnen, die von den Solothurnern in den Burgunderkriegen erobert wurden und im hiesigen Zeughause aufbewahrt werden, durch Herrn Eigner, Conservator der Königl. Baierischen Gemäldesammlung in Augsburg, den berühmten Wiederhersteller älterer Gemälde, restauriren und vor drohendem Untergange möglichst verwahren zu lassen. Da nun dieselben vor kurzer Zeit, in Begleit des Herrn Eigner selber, wohlbehalten und in ihrer alten Urgestalt so gut wie möglich hergestellt, wieder aus der Fremde zurückgekehrt sind, so mag es am Platze sein, bei dieser Gelegenheit über diese laut redenden Denkmale des Kriegsruhmes unserer Väter einige historische Mittheilungen zu machen.

Diese Fahnen, sowie eine Anzahl andere, theils noch vorhandene, grösstentheils aber aus dem Zeughause verschwundene burgundische Panner und Feldzeichen wurden im Kriege gegen Herzog Karl den Kühnen in dem Treffen bei Hericourt, im Pontarlier-Zug, zu Orbe und in den Schlachten bei Grandson, Murten und Nancy erobert oder erbeutet, wo die Solothurner, ob sie auch noch nicht ein förmliches Glied der Eidgenossenschaft bildeten, überall auf's Thätigste

Hülfe leisteten und zu den glänzenden Siegen nach besten Kräften mitwirkten. Die Geschichte dieser Kriege ist gleichzeitig unter Andern von dem Solothurner Diebold Schilling, der im bernischen Staatsdienste war und den Krieg mitmachte, beschrieben und in neuerer Zeit noch umständlicher von dem bernischen Geschichtschreiber Emanuel von Rodt bearbeitet und in zwei Bänden veröffentlicht worden.

Ueber den Antheil der Solothurner an diesen wichtigen Ereignissen befinden sich in den hiesigen Archiven noch einige wenige zerstreute Angaben, die dem Verfasser jenes Werkes und den andern neuern Geschichtschreibern unbekannt blieben und daher hier als Ergänzung folgen mögen. So spärlich sind sie darum, weil unsere Akten aus jener Zeit überhaupt nur sehr mangelhaft erhalten sind. Nebst verschiedenen andern Archiven hat Herr von Rodt auch das Archiv von Basel nicht benutzt, und in dem, doch so voluminösen, Geschischtswerke von Peter Ochs über Basel wurden von den reichhaltigen Akten des dortigen Archives nur sehr wenige verwerthet. Ich füge demnach auch aus dem Basler Archive zur Vervollständigung einige Berichte bei, die mir gerade zur Hand sind.*)

Namentlich aber die Verumständungen der Entstehung dieses grossartigsten und interessantesten Krieges der Schweizer sind, auch nach Johannes Müller

---

*) Hoffentlich werden die im Anhang enthaltenen, bisher ungedruckten Akten-Stücke, die hier nicht alle besprochen werden können, ebenfalls als eine nicht unwerthvolle Bereicherung für die Geschichte der Burgunderkriege aufgenommen werden, wie die von den Herren Bell und Schneller im neuesten, mir leider erst nach Beendigung dieses Aufsatzes zugekommenen Bande des Geschichtfreundes abgedruckten Berichte. Noch einige weitere urkundliche Mittheilungen, die das Schriftchen zu sehr vergrössert hätten, werde ich vielleicht ein andermal veröffentlichen.

und von Rodt und nach den verdienstvollen Arbeiten Zellweger's, Hidber's, Fredegar Mone's, Segesser's und der allerneuesten der Herren Staatsarchivar Bell und Stadtarchivar Schneller in Luzern noch immer nicht so klar und befriedigend erforscht und entwickelt, wie es bei dem jetzigen Stande der Geschichtswissenschaft verlangt werden darf. Zu diesem Zwecke muss den offenen und geheimen Fäden der damaligen verschmitzten Politik des Königs von Frankreich, des deutschen Kaisers und des Herzogs Siegmund von Oesterreich nicht nur in allen schweizerischen, sondern auch in einer Menge ausländischer Archive mit allem Fleisse und aller Unbefangenheit und Vorsicht nachgespürt werden.

Die militärische Seite der Burgunderkriege — so viel ist bis jezt sicher — ist für die Schweizer jedenfalls weit ehrenvoller, als die politische. Der Kriegsruhm der Eidgenossen erreichte in ihnen seinen Höhepunkt, und der Glanz der schweizerischen Siege über den stolzen und mächtigen Herzog leuchtete weit umher in Europa und erhielt sich lange hinein in die folgenden Zeiten.

1. Der Krieg wurde mit einem Feldzuge gegen die burgundische Festung Hericourt begonnen. Der Rath von Basel gab über die Eröffnung des Feldzuges dem Kaiser, sowie der Stadt Köln schriftlich Kenntniss, nämlich «dass nicht allein unser gnädiger Herzog Siegmund, sondern die Fürsten, Herren und Städte der zu Konstanz gemachten Vereinung, dessgleichen gesammte Eidgenossen, ihre zugewandten, auch wir mit ihnen die ungöttlichen, unmenschlichen und unnatürlichen Uebelthaten und lästerlichen Geschichten, die des Herzogs von Burgund Beamte und Angehörige in kurz vergangener Zeit in der Grafschaft Pfirt und in den naheliegenden Gegenden verübt, so weit zu Herzen genommen und sich entschlossen haben, die-

selben, Gott dem Allmächtigen zu Lobe, den Christgläubigen zur Förderung, dem heiligen Reich zu Ehren, der deutschen Nation zum Guten, dem Hause Oesterreich und den Seinen zur Rettung, dem gesammten Lande zum Frieden und Nutzen, mehrerem Schaden vorzubeugen, — mit Gottes Hülfe zu strafen und zu rächen, dass sie sich desshalb vorgenommen haben, einen Heerzug mit Mannschaft und Belagerungszeug wider den Herzog von Burgund und die Seinen zu thun, welchen Heerzug sie und wir jetzt in dem Namen Gottes an die Hand genommen haben, ohne diejenigen, die von den Städten Konstanz, Ueberlingen, Lindau, Ravensburg, Isni, Wangen etc. in Folge der kaiserlichen Mahnung uns zugezogen sind, und wir haben uns vor das Schloss und die Stadt Ellegurt, die dem von Blamond zustehen und aus denen diesem Lande bis auf den heutigen Tag grosser Schaden zugefügt worden ist, mit grosser Macht und mit schweren Kosten gelagert, um es zu erobern und hierauf nach Gestalt der Dinge Weiteres vorzunehmen.»

Kaum drei Tage nämlich nach dem Abgange der Kriegserklärung an den Herzog von Burgund rückten die Solothurner, mit den Bernern und Freiburgern die Ersten, schon in's Feld (28. Okt.) E. von Rodt schreibt, Hafner gebe die solothurnische Kriegsschaar auf 4500 Mann an: Hafner spricht jedoch nur von 1500 Mann: aber auch diese Zahl ist jedenfalls viel zu hoch. Denn nicht das Panner, nicht die ganze Macht Solothurns zog aus, sondern nur das Fähnchen, nur eine grössere Abtheilung derselben. Hauptmann war Benedikt Konrad, der Bruder des Niklaus Konrad, der fünfundzwanzig Jahre später die Eidgenossen zum Siege von Dornach anführte; Venner Peter Hans Mecking. Ausser diesen nahmen noch andere Rathsmitglieder Antheil am Feldzuge. Balthasar Remp von Wil im Thurgau, seit Jahren in Solothurns Diensten als Arm-

bruster leistete in dieser Eigenschaft seine nützlichen
Dienste in diesem Zuge.*)

*) In der Staatsrechnung von 1477 sagt der Seckelmeister
It. Ich hab gerechnet mit meister Balthasars (Remp) seligen
Efrowen vff Frytag vor mitternasten Anno etc. lxxvij^{mo} In
gegenwürttigkeit Irsz Elichen mansz Vlrichen scherers des tisch-
machers vmb alles dz Ir die Statt schuldig ist worden Es sy
Jarlon taglon vor Ellgurt nm all sin werck vnd für dry Röck
vnd ist Ir die Statt schuldig worden lxv lb. xiij ß viij Den. Des
hab ich si bezallt vnd gehort mir Abzeziechen lv plp (Plaphert)
nach Endrnug der müntz. — Im J. 1472 wurde Remp, der schon
lange in Solothurn als Armbruster beschäftigt wurde, in seiner
wichtigen Bedienstung bestätigt und lebenslänglich unter folgenden sehr günstigen Bedingungen angestellt:

Meister balltisar Remp der Armbroster | Ist bestelt sin leptag
    als hernnach stat |
Item vff mentag nach Sanct Martis tag Anno etc. lxx secundo
hand | min herren gemeiner Rat den obgenannten Meister Ball-
tisar den Armbroster | sin leptag bestätt Daz Er Ir armbroster
sin sol vntz zů End siner wil durch sich selbs vnd mit sinem
lip, Vnd ob Er In kranckheit 'sinss | libss fiele oder ob Er sust
an sinen gelider gepresthafftig wurde doz got lang wend sol vnd
mag Er mit Einem getrůwen Meister- | knecht die Statt laud vnd
lüt versorgen nach Eren vnd notdurfft | In sinem namen Vnd sol
man Im Jerlich sin leptag vss der Statt Seckel geben xxiiij | lib
an allen abgang ze Jarlon vff Sanct Johannss tag Baptisten darzů
| Ein Behnsung nach notdurfft vnd xx viertel dingckelss darzů
alle | Jar Ein kleid als gewanlich ist vjj Elen Rot vnd wiss tůch
vnd | Sol sust fry sin aller sachen nüt hindan gesetzt Vnd sol
man Im van Jeglichem stuck so Er der Statt werchet vnd machet
altz | das die ordnung vnd verkomnäss Innhalt ze lon geben | Vnd
wen die statt In dass feld vss- | zucht so'. sol man Im dess tagss
v. ß (5 Schill.) vnd darzů by den | Haptlüten Essen vnd trinken
zugen Im Rat Min herr der | Allt Schulths Vlrich Biso, Schüchli,
Hagen venner, Plast Jabob wagner | Graswile, hellsörer Hutzlip,
Hans küffer, Peter Herman | karli Stölli wisshar, krepser, meking
dietschi, Reini meister, Spettl, vmbeudorn | Affolter etc. Ver-
sigelt die Statt, mit Ir Secrett. — Rathsprotokoll II. 173.

Kurz vor dem Treffen bei Hericourt, nämlich Mentag vor
Sanct Johans tag Bapt. Anno etc. lxxiiij^{to}. wurde Remp in Solo-

Gemäss damaliger allgemeiner Uebung gab die Regierung der siegesbegierigen Kriegsschaar beim Abmarsche noch einen Trunk auf dem Rathhause. Den 5. November 1474 kamen die ersten Abtheilungen des eidgenössischen Heeres, wobei die Solothurner, in dem Städtchen Hericourt an und sie lagerten sich mit den nachfolgenden Kriegsschaaren in zwei durch einen Fluss getrennten Abtheilungen. Die Schlacht daselbst fand Sonntag den 13. Nov. statt. Ueber dieselbe sind von den solothurnischen Hauptleuten drei Berichte vorhanden, die vom Schlachtfelde aus an die Regierung geschrieben wurden, aber leider sehr kurz abgefasst wurden und gar wenige Detail enthalten. Doch geben sie, wie sonst nirgends, ganz genau die Zahl der gefallenen Feinde an. Der Inhalt dieser von geringster schriftstellerischer Anlage zeugenden Schlacht-Bülletins (namentlich gilt das vom erstern Berichte) lässt sich in Kürze etwa so in verständliches Deutsch übersetzen.

---

thurn zum Burger aufgenommen gegen Bezahlung von 10 Schillingen, der damaligen Taxe für brauchbare, der Stadt nützliche Männer. Er starb aber kurz nach dieser Schlacht mit Hinterlassung eines ehelichen Sohnes, ebenfalls Balthasar mit Namen, der 1481, als ihm « In Tanneger Ampt genannt zů Büchel Ein zechend gůlt oder gůt von Sippschafft wegen Erplich angefallen », noch minderjährig war, so dass Jos Bodmer von Vischingen bevollmächtigt wurde. « Söllich zechend gůt vnd Erbual zů dess obgemelten Kindsz handen zeziechen Inzebringen Zeuerrechtuertigen ze verlichen etc. » Copienbuch D. 382. — Die Familie stammt ursprünglich nicht aus dem Thurgau, sondern aus dem Ausland, von Bibrach, wie folgende Eintragung im Rathsprotokoll von Soloth. II. 21ˇ bezeugt: « Brůder Hans Remp von Bibrach Meister Balthessersz dess Armbrosters seligen vatter, Petter Hans megking mit siner vogtfrowen Meister paltiszers seligen Efrowen Hat sich der gemelt Brůder Hans Remp sins Snusz seligen verlassen gůt gentzlich vnd gar entzigen vnd begeben Anno etc. lxxv^{to}. (Donstag nach esto michi). »

Vorerst wird gemeldet, dass man vor der Schlacht in die Stadt Hericourt geschossen habe, mit dem «grossen Zug der Büchsen», wohl fünf Tage lang, doch ohne den gewünschten Erfolg. Hierauf folgt der Bericht über den Feldstreit: Am Samstag ist uns grosse Warnung zugekommen, dass man eines unserer Lager vor Hericourt angreifen wolle, welches aber, konnten wir nicht vernehmen. Auf das wurde die Ordre gegeben, dass Alle gerüstet seien, was auch geschah. Hierauf gab man, der Sitte gemäss, ein Wortzeichen, (Feldgeschrei): «Solothurn und Sanct Urs!» So wurde es Sonntag. Um Mittag rückte die feindliche Kavallerie und auch Infanterie an und wollten unser Lager angreifen. Doch wir zogen ihnen weiter entgegen mit guter Ordnung und gutem Muthe, nicht jedoch ohne unser Lager wohl behütet zu lassen; wir griffen sie also an. Die Feinde standen nur beim ersten Angriff, gar bald wichen sie hinter sich. Wir ihnen nach gegen zwei Meilen weit, bis in ihr Lager, und erschlugen bis dorthin bei 600 Mann, wie wir vorläufig schätzen konnten, denen wir sämmtlich die Kleider auszogen. Im Lager hatten sie eine Wagenburg von ungefähr 600 Wägen. Wir haben dieselbe auch eingenommen und die Wagen in unser Heer geführt. Wir haben grosse Beute gemacht. Erst sehr spät am Abend kehrten wir wieder in unser Lager zurück. (Die fröhlichen Sieger — wer will es ihnen verargen! — erlustigten sich nämlich lange im feindlichen Lager an den vorgefundenen Speisen und Getränken.) Unser Volk ist alles frisch und gesund, Keiner ist gefallen. — Trotz ihrer Müdigkeit und der empfindlichen Kälte schrieben die Hauptleute von Solothurn noch in der nämlichen Nacht den Siegesbericht nach Hause. Das war für den ungeübten Schreiber jedenfalls kein viel geringeres Stück Arbeit, als diejenige, die er soeben mit dem Schwerte vollbracht; man darf es ihm daher auf's Haar glauben, dass er, wie er beifügt, mit seiner Schreiberei erst um Mitternacht zu Ende kam. Zwei Tage später schrieben die Hauptleute, dass der gefallenen Feinde weit mehr als tausend seien, die man allerthalben fand auf den Waldstätten, Fussvolk, meistens Lombarden. Wir haben allen die Harnische und Kleider ausgezogen und ihnen die Pferde und was man sonst bei ihnen fand, weggenommen. Es wurde aber bei Eid und Ehre Jedermann geboten, sämmtliche Beute zusammenzulegen zur gemeinsamen Vertheilung. Die Mannschaft hatte aber bereits bedeutend zu leiden begonnen, besonders wegen der argen Kälte, so dass viele heim entlassen werden mussten. Weitere zwei Tage später konnten die Offiziere die Anzahl der Erschlagenen genau angeben. Sie schreiben: Am Mittwoch nach der Schlacht seien dieselben zusammengeführt und von Priestern und Frauen bestattet worden, wobei sich die gewisse Zahl von 1635 Todten ergab.

In einem Schreiben der Stadt Basel an den Rath von Köln, vom Monat Dezember, sind noch einige weitere Angaben enthalten. Die Burgunder, Lombarden und Pikarden — lautet der Bericht — liessen sich am Sonntag vor St. Othmars Tag um Mittagzeit mit Heeresmacht, um 10,000 zu Ross und 8,000 zu Fuss, zunächst unserem verbündeten Heere vor Hericourt, sehen, in der Absicht, dasselbe zu überfallen. Unsere Partei brach rasch auf, zog gegen die Feinde, brachte sie mit Hilfe Gottes zu schändlicher Flucht und erschlug bei 2000, die auf der Wahlstatt und in einem Dorfe blieben, ungefähr eine Meile von dem Heer, wo sie ihre Wagenburg zu schlagen angefangen hatten. Die Burgunder klagen, dass sie über 3000 Mann vermissen, die sie an diesem Tage verloren haben sollen, über 60 wurden gefangen. Viele Steinbüchsen, Tarrasbüchsen (Positions- oder Festungsgeschütze auf Rädern) und andere Büchsen, viel Pulver, Wägen etc. wurden gewonnen. Namentlich aber wurden erobert zwei rechte burgundische Panner von Seide und zwei Gerfähnchen, mit Sanct Andreas Kreuz bezeichnet. Auf unserer (Basler-) Seite ist kein Mensch umgekommen, wohl wurden einige, aber nicht über sechs, verwundet, die aber alle beim Leben blieben. Dann wird weiter beigefügt: Donnerstag nach St. Othmars Tag (17. Nov.) wurden Schloss und Stadt Hericourt, nach Aufgebung derjenigen, die darin waren und mit ihrer Habe abzogen, bei 300 zu Ross und 40 zu Fuss, erobert und zu Handen unseres Herrn von Oesterreich als sein Eigenthum gebracht. Unter den eroberten Pannern befand sich dasjenige der Herrschaft Faucognie (v. Rodt I., 325). Ferner berichtet **Hafner** (Schawplatz II., 181 a), Benedict Konrad habe sich in der Schlacht männlich gehalten und das Panner von Lisle mit voller Faust davon und heim gebracht. Entweder erwähnte Konrad und die übrigen Hauptleute in ihren Berichten diesen ehrenvollen Umstand aus Bescheidenheit nicht oder sie wollten bei der Rückkehr aus dem Felde den Behörden und der Stadt eine angenehme Ueberraschung bereiten. Denn es ist wirklich Thatsache, dass die Solothurner bei Hericourt ein Fähnchen **eroberten**. Unter den Ausgaben des Jahres 1474 findet sich nämlich in der Staatsrechnung folgende Eintragung: « It. Hans Liechtnower x β für ij Eln tscherters zem vennlin **so vor Eligurt Erobert ist**.» In dem weiter unten zu erwähnenden Fahnenbuche sind aber drei Fahnen oder Fähnchen abgemalt, die von der Schlacht bei Hericourt herrühren sollen und zu Hafners Zeiten noch vorhanden waren. Alle drei sind dreieckig. Das eine ist von Farbe ganz blau, mit dem Andreas-Kreuz und enthält in Goldbuchstaben die Worte: **euw plaisy.** Das zweite Fähnchen ist weiss und roth, gleich getheilt, das Rothe oben, zweimal kommt darin folgendes Zeichen vor:

(Die Horizontale ist nicht ein Theil der Figur, sondern bezeichnet das Aneinandergrenzen der beiden Farben.)

Die dritte Fahne ist wieder blau, aber mit einem weissen Streifen in der Mitte. Von der Fahnenstange aus verbreiten sich zahlreiche goldene Flammen über die Fahne. Das Andreas-Kreuz ist auch hier vorhanden, aber golden und dreimal wiederholt. Ob eines dieser Kriegsfeldzeichen und welches der Stadt Lisle angehörte, weiss ich nicht. Leider auch sind alle drei Stück aus dem Zeughause verschwunden.

Gross muss in Solothurn die Freude gewesen sein, als die siegreiche Kriegerschaar mit ihren eroberten Fahnen in die Stadt einrückte. Noch weit glänzender als beim Auszuge wurde sie von der Obrigkeit bewirthet. Während beim Auszuge die Kosten sich nur auf 1 Pfund 13 Schillinge und 2 Denare beliefen, kostete die Uerte jetzt 1 Gulden und 7 Denare, wie es in der Staatsrechnung noch jetzt zu lesen ist. Glückliche Zeiten, wird manch' fröhlicher Zecher ausrufen, wo man für einen Gulden eine ganze Kompagnie reichlich bewirthen konnte!

2. Im folgenden Jahre mit dem Eintritte der besseren Jahreszeit begannen wieder die Streifzüge beutegieriger Freischaaren aus der westlichen Schweiz nach dem angrenzenden Hochburgund, die zum Entscheid der grossen Sache wenig beitrugen, wohl aber durch ihren meist günstigen Erfolg dazu dienten, in den daran theilnehmenden Bundesorten den ununterbrochenen Krieg gewissermassen volksthümlich zu machen. Bedeutend und nicht erfolglos war z. B. ein Zug, den zu Ausgang Märzens ein Haufen von 1300 Bernern, Luzernern und Solothurnern nach Burgund

unternahm. Den 2. April erschienen sie vor dem Städtchen Pontarlier, dessen Besatzung sich des zerfallenen Zustandes der Ummaurung wegen ohne Widerstand in das Schloss du Molard, das die Stadt auf der Ostseite beherrschte, zurückzog. Den 7. April gelang es den Schweizern nach wiederholten Angriffen, nicht ohne tapfern Widerstand der Besatzung, mit ritterlicher Mannheit die Burg zu erstürmen, deren Vertheidiger, bei 300 Mann, dem Tode geopfert wurden. Sieben Tage nach der Eroberung des Platzes — also zu spät für die Besatzung — erschien unter dem Marschall von Burgund ein Entsatzungsheer von 7000 Mann vor Pontarlier, wo die Schweizer inzwischen einem sorglosen Wohlleben an dem vorgefundenen Weine und reichlichen Proviante sich hingegeben hatten, und schickte sich, mit allem erforderlichen Sturmzeuge ausgerüstet, den 13. April zur Ersteigung der verfallenen niedrigen Stadtmauern an. Die kühnen Freischäärler entschlossen sich aber dennoch, die Stadt zu behaupten und stellten sich in entschlossener Haltung an der Stadtmauer auf. Wer nicht mit Pulver und Pfeilen versehen, warf Steine auf die heranstürmenden Feinde, wer nicht mit Halparten oder langen Spiessen bewaffnet, ergriff von den Feuerhacken der Einwohner, um die Stürmer damit abzuwehren. Sie stritten so mannhaft, dass die Mauer behauptet und der Feind mit einem Verluste von mehr als 200 Mann abgetrieben wurde. Es wurden zwei Panner und mehrere Fähnchen erobert, unter erstern dasjenige der Stadt Pontarlier, unter letztern eines mit dem Wappen der Herren von Chalon, die sämmtlich unter die Mannschaften der verschiedenen Kantone getheilt wurden.

Nach dem Berichte unseres Chronikschreibers hat Hans Stölli von Solothurn »die Panner zu Pontarlier erobert.« Auf Zinstag nach Jubilate kamen andere Knecht (Kriegsleute) mit den eroberten Fändlein von

Pontarlier aus Burgund heim. Die Quelle, aus der Hafner diese Angabe geschöpft, ist nicht mehr vorhanden. Auch ist in dem Fahnenbuche das Fähnchen nicht verzeichnet; vielleicht, dass es schon damals nicht mehr vorhanden war, vielleicht, dass es nicht für so schön und interessant zum Abbilden angesehen wurde, wie die übrigen, da laut Bemerkung auf dem Titelblatte des Fahnenbuches darin nur die «Hauptfahnen» abgemalt wurden. Unzweifelhaft aber stüzte sich ein so bestimmter Bericht Hafners auf eine urkundliche Angabe.

3. Den 14. Oktober 1475 schickte Bern auch dem Grafen Jakob von Savoi, Herrn von Romont, des Herzogs von Burgund Gubernator in dem oberburgundischen Lande, die Kriegserklärung, nachdem es die Städte Freiburg, Luzern und Solothurn und andere Bundesgenossen gemahnt, mit ganzer Macht zum Zuge sich zu rüsten. Schon den 18. Oktober traf das Panner von Solothurn, das den 16. von Solothurn ausgerückt war, mit ganzer Macht zu den Bernern bei Estavayer ein, unter Anführung der Hauptleute Urs Steger und Hans Stölli — von allen Bundesgenossen die erste Hülfe und vom besten Willen beseelt.

Doch hatten die Solothurner keinen Antheil an dem nicht beneidenswerthen Ruhme des «bösen Tages von Stäffis,» indem das Städtchen schon einen Tag vor ihrer Ankunft erstürmt worden war. Den 22. Okt. zog das Heer aus dem Lager des eroberten Yverdon nach Orbe, das seit einem frühern Feldzuge dieses Krieges in den Händen der Verbündeten war. Jetzt sollte es ihnen zum Waffenplatz dienen, um von hier aus weiter im Lande herum sich zu verbreiten. Die Befehlshaber waren überein gekommen, von hier aus z. B. der nahe gelegenen Veste Les Clées sich zu bemeistern, die schon ihrer Lage wegen am Rande einer steil abschüssigen Höhe, aber auch durch ihre Bauart

für eine der festesten galt. Die Befehlshaber entschlossen sich, auf den Angriff der Veste vorerst blos eine Heeresabtheilung von 100 Geharnischten mit einer Anzahl Schützen zu verwenden. Erst wenn der Platz durch diese Schaar nicht erstürmt werden könnte, so wollten sie dann zu dessen Ueberwältigung mit ganzer Macht nachrücken. Zu Anführern der auserwählten Schaar wurden ernannt: Heinrich Dittlinger von Bern, Hans Vögeli von Freiburg und der bekannte und bald nachher auch berüchtigte Urs Steger von Solothurn.*)
Den 23. Okt., den Tag nach der Ankunft der Verbündeten zu Orbe, früh Morgens brachen die Geharnischten auf. Nach hartem Sturm, der vom Morgenbrod bis zum Abend dauerte, wurde die Feste genommen, von den Vertheidigern 55 entweder im Kampfe erschlagen oder über die Mauern hinausgeworfen, über 70 gefangen genommen, nach Orbe geführt und von ihnen 10 der Schuldigsten hingerichtet. Von den Siegern kamen nur 4 Mann um, mehr als 60 aber wurden verwundet, von denen jedoch nur wenige den Wunden erlagen. Als Siegeszeichen brachten, sagt von Rodt nach Schilling, die Eroberer der Burg, ausser reicher Beute, ein savoyisches Panner, roth mit weissem Kreuze, mit sich zurück, das darnach im Münster zu Bern aufgehängt wurde.

Nun berichtet Hafner: Am Donnerstag nach Allerheiligen (2. Nov.) kam das Panner von Solothurn aus der Waadt und brachten die Hauptleute zwei schöne Panner, die zu Orbe gewonnen wurden, mit ihnen heim, die zugleich mit Würde am Sonntag hernach bei grossem Zulauf des Volkes geöffnet, solenniter in

---

*) Letztern habe ich in der dunkeln Seite seines Lebens in meinem Aufsatze «Der erste Feldzug der Eidgenossen in französischem Solde» (in der Zeitschrift «Die Schweiz» von 1865 p. 375 ff.) gezeichnet.

St. Ursen Münster getragen und daselbst aufgesteckt wurden. — Da wir ausser dieser keine andere Nachricht über diese Angabe haben, so ist nicht zu ermitteln, ob diese nicht mehr vorhandenen oder im Fahnenbuche nicht als von hierher stammend verzeichneten Panner wirklich zu Orbe oder aber zu Les Clées oder bei einem andern Streifzuge in diesem Feldzuge in einer andern Stadt oder Feste im Waadtlande erobert wurden.

4. Weitaus die grösste Beute an Pannern und Fahnen machten die Eidgenossen in der Schlacht bei Grandson, Samstag den 2. März 1476. — Erst jetzt, als der mächtige Herzog von Burgund sich rüstete, die Schweizer mit seiner Hauptmacht in ihren eigenen Grenzen anzugreifen, ward der Krieg für sie zum eigentlichen Volkskriege; wie vorher mehr für fremdes Interesse gekriegt wurde, galt es jetzt die Vertheidigung ihres eigenen heimischen Heerdes. Darum nun auch jene allgemeine und bedeutende militärische Kraftentwicklung, wobei sich nach einem in St. Gallen aufbehaltenen Berichte, z. B. das Contingent Solothurns bei Grandson auf nicht weniger als 918 Mann belief. Wie hoch damals die Wogen gingen, welch' ein Gefühl von gemeinsamer Gefahr und von Zusammengehörigkeit die Gemüther von Behörden und Volk bewegte, ersieht man auch aus der gastlichen Aufnahme, die in allen Hauptorten den nach Grandson von überall her herbeieilenden Truppen zu Theil wurde. So findet sich in der leider nur noch in einem Bruchstücke vorhandenen solothurnischen Staatsrechnung von 1476 eingetragen, wie viel die Regierung der Trunk kostete, mit dem sie die durch Solothurn ziehenden Lenzburger, Basler und Glarner, sowie die von Hericourt kommenden Reuter des Herzogs von Oesterreich, als sie »gen Gransen zugent« und den Grafen Andreas von Sonnenberg »als er gen Gransen

reyt,» beehrte. Kommandant der Solothurner soll Conrad Vogt, der spätere Schultheiss, der nicht schreiben konnte, gewesen sein; Offiziere unter ihm waren noch die Rathsherren Weisshar, Krepser und der Grossweibel. Conrad Ruchti versah die wichtige Stelle eines Bürgermeisters, wie schon in den Kriegszügen nach Joigne und Orbe. *)

*) Unter den Ausgaben des Jahres 1477 ist in der Staatsrechnung angegeben: It. Conrat Ruchtin xxxij lib. für dz So er In den kriegen Jnuij Orben Grausen bi den Bauer mit den Büchsen gelegen ist vnd für ply klöz Bulffer vnd Anders so er dozemal von minen heren wegen verprucht vnd gewerchet hat. It. vnd den Knechten x ß ze trinckgellt. — Ruchti, der Mentag vor Corpor. xpi lxxj^n in Solothurn das Burgerrecht schwor (Protok. II. 63) war ein « Kantengiesser » seines Zeichens und darum für den Büchsenmeisterdienst ganz geeignet. Was so ein Büchsenmeister alles zu thun hatte und wie er gehalten wurde, lernen wir aus nachfolgendem Bestellungsvertrag, den die Regierung mit einem seiner Vorgänger im Dienste machte.

Dess Büchsenmeisters überkom- | nuss brief |

WIR der Schulths vnd Rat ze Solotorn an Einem | vnd Ich Hauns zechender der Büchsenmeister von | zürich an dem anndern Teil Bekennend vnd tun kund menglichem mit diser geschrifft, dz | wir mit ein anndern über ein komen sind In diser | nachgeschribnen Form Item wir die vor- | gemelten von Solotorn Hand den vorgemelten | Meister Hannsen zu vunserm Büchsenmeister | enpfangen drü die nechsten Jar nach datum | diser geschrifft, vnd sol die Jarzal der drin Jaren | aufachen vff pfingsten nechstkünftig vnd söllent | Im ein Behusung vnd Jerlich ze Jarlon geben | dryssig vnd zwein guldin vnd darzu Einen Rock | als anndern vunsern Stattdiener, vnd wenn er | Einen tagwon In der Statt tut mit Blyklotzen ' zegiessen So söllent wir im fünff schilling haller | dess tages geben, wenn er ouch Hantbüchsen | Haggenbüchsen vnd der gelich gusset So söllent | wir Im von yedem pfund zwen schilling Haller | geben Doch so söllent all tagwon beschechen so er | tut mit dess Buwmeisters Rat vnd wissen | vmb daz er all tagwon anschrib vnd darumb | rechnung wiss zegeben wenn wir aber ze Rät | wurdent daz wir gross werch wölltend Laussen | giessen, Denn so mügend wir mit Im vmb | einen zentnern verkommen als sytt vnd gewonlich | ist So er och Salbetter Lütret

Bekanntlich wurde die Schlacht begonnen, bevor sämmtliche Truppen besammelt waren, indem man die Kampfgier der Leute nicht mehr zurückhalten konnte und sie loslassen musste. Bei diesen Ersten im gefährlichsten Kampfe stritten auch die Solothurner. Wie viele von ihnen fielen, ist nicht aufgezeichnet, wohl aber, dass 13 derselben verwundet wurden, deren ärztliche Pflege 20 Gulden kostete. Auffallend ist dabei, dass, obschon die meisten Anführer nach der Schlacht von Niklaus von Scharnachthal zu Rittern geschlagen wurden, keinem der solothurnischen Offiziere diese Ehre zu Theil wurde, obschon sie die schwerste Arbeit des Tages mitvollbrachten. War es wohl, weil Keiner

---

vnd daz Büchsen | Bullfer denn sol man lm des tags ouch fünff | schilling geben Er sol ouch vlisslich vnd getrüwlich | zů vnnserm zůg Lůgen vnd den ln eren haltten | Als sich gepůrt, Were och such dez wir ln das feld zugend so sol er mit vuns ziechen vnd söllend ; wir lm dess tags fünff schilling ze sold vnd sin zerung | geben wurdent wir ln ouch vff ein schloss oder gen Oltten ln die Statt Legen so söllent wir lm aber dess | tagess fünff schilling vnd die zerung geben, wenn | ouch die drü Jar verloflen sind denn so mag Jettweder | teil sich füro oersechen nach sinem willenn vnd daruff | So han ich obgenanter Hanns zechender der Büchsenmeister | offennlich vor Rät vff den hüttigen tag diser geschrifft | mit vff geheppter Hannd zu gott vnd den Heiligen gesworn diss wie vor stůt ze hallten dem nachze komen | ouch minenn Heren von Solotorn gewertig vnd | gehorsam ze sind ln trüwen vnd eren ze dienen Ir | gemein Statt nutz vnd er zefürdern sy vor schaden | ze warnen vnd ze behüten vnd waz der selben miner | Heren von Solotorn schad were dass ich mich ver- | stund ze offennbaren vnd daz ze helen ist verschwigen | alles vnngeuarlich Vnd des ze Einem warem | vrkund So sind diser beredung vnd verkomnuss zwo | glich geschriben vnd gemacht vss einanndern geschnitten | vnd Jetwedern teil eine geben vff frytag vor dem | heiligen palm tag ln dem Jar do man zallt nach | der gepurt Cristi Thusend vierhundert Sechtig vnd, drü Jar. (Copienbuch A. 148.)

von ihnen dem Adelstande angehörte?*) Denn fast alle, die so beehrt wurden, waren adelich, so dass man nicht etwa den Schluss ziehen darf, die Solothurner hätten sich in der Schlacht nicht pflichtgetreu gehalten.

Es möge hier noch der Schlachtbericht stehen, den die Stadt Basel den Kölnern erstattete und der von den Geschichtschreibern bis jetzt ebenfalls nicht benutzt wurde. Nach Eroberung des Landes Lothringen — melden die Basler — erhob sich der burgundische Herzog mit einer grossen Macht, die er mit sich führte oder in Oberburgund aufbrachte, näherte sich einigen an die Eidgenossenschaft stossenden Landen, besonders der Waadt, und belagerte das Städtchen und Schloss Grandson, das durch die Eidgenossen im verflossenen Sommer sammt einigen andern Städten und Schlössern erobert und besetzt worden war. Er schlug seine Wagenburg vor Schloss und Städtchen und begann sie zu nöthigen. Als das unsere Freunde und Eidgenossen von Bern, die, wie auch die Solothurner und Freiburger, die Ihrigen als Besatzung darin hatten, vernahmen, haben sie sich, und mit ihnen sämmtliche Orte der Eidgenossenschaft, sowie wir und andere ihrer

---

*) Vergl. v. Rodt die Kriege Karls des Kühnen II. 269. Rangrechtlich war adeliche Abkunft zum Empfange des Ritterschlages erforderlich, es war der dritte Grad des Wehrstandes: Knappe, Edelknecht, Ritter. Mehrere der neuen Ritter aus den Burgunderkriegen machten von der erhaltenen Würde nachwärts keinen Gebrauch, «aus Stolz die einen, um nicht mit Bürgerlichen sie zu theilen, andere aus Bescheidenheit, weil Herkunft und Vermögen ihnen dazu mangelten.» Vermögensmangel war für Manchen ein Hinderniss, der mit der Ritterwürde verbundenen Standeserhöhung wegen.

    Und welcher es vermöcht am Gut.
    So riet ich das in minem Mutt,
    Man het ihn zu Ritter geschlagen.
    Lied über den Murtenstreit bei Schilling p. 348.

Zugewandten auf ihre Mahnung mit Macht erhoben, dem Herzog in seinem Vorhaben mit göttlicher Hülfe Widerstand zu thun und Grandson zu entschütten. Bevor aber das geschehen konnte, hat er das Schloss durch Aufgebung der Besatzung in Folge seiner Zusage von Gnade zu seinen Handen gebracht. Aber entgegen seiner Zusage liess er, »seiner vorgebrauchten Gewohnheit nach, weder Treu noch Glauben haltend,« Einige (d. h. mehr als 412!) von der Besatzung Mittwoch vor Sonntag Invocavit (28. Febr.)*) an die Bäume hängen, andere ertränken und andere behielt er bei Handen. Am folgenden Donnstag nahm er das Schloss Vamerkü (Vauxmarcus) ein, besetzte es und gedachte, so für und für in die Eidgenossenschaft zu rücken. Dem vorzukommen, erhoben sich die Eidgenossen und wir mit ihnen am folgenden Samstag, in der Absicht, Vamerkü zu belagern, was auch geschah. Auf das näherte sich des Herzogs Heer und Lager noch mehr; und als sich der Herzog mit seinem Zug auch erhob, um gen Vamerkü zu ziehen, sind wir beiderseits »vrpflichts« (unversehens?) im Feld aufeinander gestossen und zu Angesicht gekommen, und wiewohl die Eidgenossen und wir »anrucks« (anfangs) den Vortheil hatten, haben wir uns desselben doch begeben. Als der Herzog das bemerkte, hat er seinen »Schick« durch drei Haufen gemacht und seinen Angriff mit grossem Geschütz und Geschrei gethan. Als er aber unsern männlichen, ritterlichen und »durstigen« Widerstand sah, hat er sich mit allem seinem Zeug zu Ross und Fuss, seinen Büchsen, Wägen und Geschirr stracks gewendet, die Flucht genommen, ist zu seiner Wagenburg geeilt und dafür, hinaus gewichen; doch wandte er sich während der Flucht wohl zum fünften Male, musste

---

*) Von Rodt II. 54 sagt Dienstag den 29., was vielleicht nur eine Verschreibung statt 27 ist.

aber jedes Mal wieder die Flucht geben. Die Eidgenossen und wir verfolgten ihn stets, zwei Meilen Weges über seine Wagenburg hinaus, bis Anfangs der Nacht. Durch Schickung Gottes, von dem aller Sieg kommt, haben wir ihm zwei seiner Wagenburgen mit sammt allen seinen Kanonen erobert und abgewonnen, 200 an der Zahl, die alle Steine und Klötze schiessen, auch 200 Hackenbüchsen, mit vielen Pannern, Fähnlein ohne Zahl, des Herzogs Wappenrock, sein und des Bastarts Insiegel, Gezelte, einige Kleinode des Herzogs und, nicht das Mindeste, einen goldenen Sessel, ferner ein merkliches Silbergeschirr von Platten, Kannen, Schalen und dergleichen, viele Baarschaft, einige Bücher des Herzogs und überhaupt, was er und die Seinen auf diesen Tag in der Wagenburg hatten, welche Wagenburg grösser war als die Stadt Strassburg. Der Herzog langte zwei Stunden nach Mitternacht in Nozeroi an, blieb daselbst zwei Tage und zwei Nächte ohne Essen und Trinken, begab sich dann nach Lausanne, wo er sein Lager an der Stadt nahm, sich wieder um Leute und Gezeug bewerbend, der Meinung, sich noch heut' bei Tag in die Eidgenossenschaft zu fügen, um die Gethat zu rächen oder darum zu sterben, an welchem Orte er noch zur Zeit mit grossen Unstatten liegt, bei sich der schändlichen Flucht und des unzähligen Verlurstes in grossem Leid gedenkend und grossen Mangel an Brod, Haber und andern Speisen leidend. — Die Eidgenossen und wir sind in der Nacht (nach der Schlacht) in seine Wagenburg gerückt und haben sie bis an den vierten Tag innegehabt, auch inzwischen Grandson wieder gewonnen, die Besatzung umgebracht und von den Thürmen herabgeworfen, auch Vamerkü eroberten sie und verbrannten darnach beide Schlösser mit sammt den Wagenburgen, auch seinem Zelthause und vielen Wägen, Büchsen, Pulver und anderm Gezeug und kehrten darauf wieder nach Hause, sich gerüstet haltend, des Gemüthes und Willens, wenn es nöthig werde, ihm weiter zu begegnen und sich seiner mit göttlicher Hülfe zu entladen. An der Schlacht sind auf Seite des Herzogs todt geblieben der Herr von Zschettegion (Ludwig von Châlon-Chateau-Guyon), von fürstlichem Stamme, des Königs von Neapel »Liebhart«, Herr Zschan Yrban, Herr Jakob von Emerya, ein Pickarte, der Herr von Alain (Quentin de la Baume, Herr von Mont St. Sorlin, Wilhelms des Herrn von Irlans Bruder, Ritter und Kammerherr), alle Landsherren, und Herr Peter von Liniana (Liguano), ein Graf aus Piemont, der Lombarden Hauptmann, und sonst bei 500 oder 600 Mann, die theils im Felde fielen, theils im See ertranken. (Diese Zahl ist viel geringer als sie sonst angegeben wird.) Auf unserer Seite sind 40 todt und 60 verwundet. So der Basler Bericht.

Unter der unermesslichen Beute der Schlacht fand sich also auch eine Anzahl Bücher des Herzogs, z. B. sein Gebetbuch, das nach Bern kam und um dessen Besitz sich hernach die Gräfin Margareth von Würtemberg, geborne Herzogin von Savoyen, bemühte, — ob mit Erfolg? Von einem andern daselbst eroberten Buche ist in den Basler Rathsbüchern eine Notiz enthalten, die wir hier gelegentlich, wenn sie auch unserem gegenwärtigen Zwecke ferner liegt, mittheilen wollen, um Literaturfreunde zur Nachforschung nach dem jedenfalls interressanten Werke zu veranlassen. Dasselbe wird leider nicht näher bezeichnet, sondern einfach »ein welsches Buch« genannt, »so zu Granson erobert.« Es kam nach der Schlacht nach Basel und der dortige Zunftmeister und andere Rathsmitglieder versprachen dem strassburgischen Beutemeister Ludwig von Kageneck, dasselbe einstweilen aufzuheben, dann aber je nach Umständen nach Strassburg (als einen Theil der Beute für die in der Schlacht anwesenden Strassburger) zu schicken. — Da aber die Zusendung verzögert wurde, mahnte der Rath von Strassburg denjenigen von Basel brieflich durch einen Boten, mit der Bitte, diesem das Buch zu übergeben. Basel schickte dasselbe aber nicht, sondern antwortete: Das Buch habe Peter Hungerstein nach Basel gebracht, und da uns von den Eidgenossen ernstlich geschrieben und in Befehl gegeben worden, Aufsehen und Nachforschung zu halten um solch' erobertes Gut und alles nicht an einer offenen Bentesteigerung Gekaufte zusammen zu legen und aufzuheben, damit Alles nach Billigkeit vertheilt werde, haben wir auch das genannte Buch ausfindig gemacht und aufgehoben. Allein Peter Hungerstein machte Einsprache und versprach zu beweisen, dass er das Buch an öffentlicher Beutesteigerung zu Solothurn gekauft habe. Bis er diesen Beweis erbracht, können wir daher dasselbe nicht herausgeben. — Das weitere Schicksal des Manuscriptes ist unbekannt.

Doch wir kehren zu unserer Hauptaufgabe zurück. Eine bedeutende Anzahl Panner und Fahnen wurden zu Grandson im «Felde, mit der Hand gewonnen», eine weit grössere Zahl fand man aber in Kasten und Bulgen, in Allem, gross und klein, über 600, viele köstlich von Gold und Seide gearbeitet, darunter 27 Hauptpanner. Diese zahlreichen Fahnen etc. waren dazu bestimmt, bei gewissen Anlässen, vorzüglich vor belagerten Plätzen, aufgepflanzt zu werden, um in den darauf gemalten Wappen aller Provinzen die Grösse und Macht des burgundischen Hauses zur Schau zu stellen, wie solches schon Philipp der Gute geübt hatte, um seinen Feinden Furcht einzuflössen. «Darum auch der Herzog von Burgund — sagt Schilling — so vil Paner und Zeichen allwegen by ihm gehebt, und mit ihm geführt hat, han ich vernommen, das semlichs darumb beschechen und sin Will und Meinung gewesen sye, wann er oder syn Vatter, der alt Hertzog, Stett

4

oder Lande mit dem Schwert gewunnen und under sich gebracht, so haben sy dann in semlichen Stetten und Landen allwegen von Stund an vil Paner von Burgunn uffgericht und ussgestossen, und das darumb getan, damit sy das gemein Volcke zum Schrecken und Forchten bringen möchten, als dann durch ihn zu Jent (Gent), Lüttich, Dynant und in andern grossen Stetten auch beschehen ist.»

Es ist bekannt, welch' gehässige Zwistigkeiten die Theilung der enorm reichen Beute von Grandson unter den Eidgenossen verursachte, welch' ein verderbliches Gift diese ungewohnten Schätze im Vaterlande säeten. Schon der alte ehrliche Hafner schreibt mit vollem Recht: «Ich weiss schier nit, ob man sich über den erhaltenen grossen Sieg mehr zu befrewen, als über die vnermesslich eroberte Schätz zu trauern habe.» Auch die Theilung der Panner und Fahnen beschäftigte die Eidgenossen auf mehreren Tagsatzungen (Bundesversammlungen). Bezüglich derjenigen, die im Gefechte gewonnen worden, wurde indessen gleich anfangs beschlossen, dass sie demjenigen oder dem Orte, dessen Angehörige sie gewonnen haben, bleiben sollen; die Panner und Fahnen aber, die man in Kasten gefunden hat, soll man wie anderes Beutegut in gemeiner Beute theilen. Jeder Ort soll seine Panner und Fähnchen zu diesem Zwecke holen lassen. Einige Orte (Cantone etc.) antworteten, sie wollen hergeben, was sie an solchen hätten, vorausgesetzt, dass die andern dasselbe thäten; andere Orte entschuldigten sich, sie haben die ihrigen schon aufgehängt und können dieselben Ehren halb nicht wieder herunter nehmen und theilen lassen. Die Tagsatzung beschloss aber, dass alle Fahnen und Panner, die in Kasten gefunden worden, getheilt werden sollen, dieselben seien aufgehängt oder nicht, oder wenigstens sollen die Orte, die die ihrigen nicht herausgeben wollen, eine Summe Geldes dafür geben, die man unter die, die keine solche Fahnen erhalten, vertheilen könnte. Allein die Besitzer der schönen Trophäen beeilten sich nicht, dieselben wieder aus den Händen zu geben, so dass der Beschluss noch zweimal erneuert werden musste. Erst im Protokoll der Tagsatzung in Luzern vom 14. April 1477 wird gemeldet, dass die Fahnen an diesem Tage nun getheilt worden seien, so dass jedem Orte vier Panner und sechs Fähnchen zu Theil wurden.*) Schilling weiss noch des Weitern, dass dieselben »gen Lutzern gefürt und under gemein Eidgnossen und andern Gewanten, nach Marzal der Lüten (welch' letzteres mit der bestimmt angegebenen gleichen Zahl für jedes Ort im offiziellen Bericht im Widerspruche steht) getheilt und darnach von jedermann uffgehenckt oder behalten wurden, nach sinem Gefallen.«

Ausser den zehn Pannern und Fähnchen, die demnach gemäss Tagsatzungsbeschluss von denjenigen, die in Kasten gefunden wurden, Solothurn zufielen, hatten die Solothurner aber einige mit eigener tapferer Faust dem Feinde in der Schlacht entrissen, wie unser Chronikschreiber meldet. »Sonntag Jubilate brachten etliche Solothurnische Kriegs-Offizierer als Weisshar, Krepser, vnd der Grossweibel, welche von dem Volk vorausgeschickt, etlich Burgundische Fahnen, die in der Schlacht zu Grandson ritterlich erkämpft worden, der Obrigkeit zum Zeichen und Zeugniss der Tapferkeit der Ihrigen, zum Geschenk. (Es fällt hierbei nur auf, dass sogar die Vorläufer unserer wackern Kriegsmannschaft erst am 5. Mai heimgekehrt sein sollen, während doch sämmtliche Truppen schon wenige Tage nach der Schlacht den Rückzug in die Heimat antraten.) Von all diesen Fahnen sind aber im Fahnenbuche nur sie-

---

*) Gedr. Tagsatzungsabschiede II. 588. 590. 600. 619. 621. 632. 636. 649. 668.

ben verzeichnet und abgebildet (No. 6, 7, 14, 15, 23, 24 und 26 des Buches), die andern scheinen schon vor mehr als zweihundert Jahren verloren gegangen zu sein; vorhanden sind jetzt noch vier, nämlich No. 7, 23, 24 und 26.

Zu einer vollständigen, genügenden Beschreibung dieser und der übrigen Burgunderfahnen, zur Erklärung der auf denselben enthaltenen verschiedenartigen Embleme und Sprüche, zur Nachweisung, welchen Landschaften, Städten, Dynasten dieselben angehörten, wären litterarische und artistische Hülfsmittel erforderlich, die leider hier dermalen nicht zu Gebote stehen. Bei diesem Mangel muss daher im Nachfolgenden Mancherlei und vielleicht gerade das Wichtigste unerörtert gelassen werden. Sehr erschwert wird die Sache auch durch den traurigen Zustand, in dem sich die meisten dieser und der andern Fahnen befinden, so dass man einige derselben ohne Hülfe der Abbildungen im Fahnenbuche jetzt kaum mehr erkennen könnte. Dieselben mussten früher allzuhäufig allerlei sinnige und unsinnige Festivitäten verherrlichen helfen, wurden dabei zerfetzt und verdorben und hierauf von den allerungeschicktesten Händen auf's Allerungeschickteste wieder geflickt, herabgerissene Stücke auf's Gerathewohl ohne jegliches Verständniss wieder aufgeklebt und mit einem schmutzigen Firniss oder mit einer fetttriefenden Speckschwarte durch irgend einen Sattler das Ganze überschmiert. Gar manches Stück wurde auch aus ungeschicktem Interesse an diesen Dingen durch Bewunderer abgerissen und als Reliquie mitgenommen um bald — verloren zu werden. Erst wenn die Fahnen wieder von ihrem Schmutze gereinigt und richtig zusammengesetzt sind, wird es möglich sein, von ihnen wieder eine eigentliche Ansicht zu erhalten.

Die Form sämmtlicher sieben Fahnen, bei allen fast gleich, nur in der Grösse verschieden, bildete ein

Dreieck, in der Art, dass sich dasselbe von dem Schafte aus in einen sehr spitzen Winkel verlängerte; bei No. 7 lief diese Spitze in zwei Theile aus. Der Stoff der noch vorhandenen Fahnen, mit Ausnahme von einer, ist Seide. Sie bestehen nicht aus einem einzigen Stück Tuch, sondern sind je nach ihrer Grösse aus mehreren Stücken, die nur etwa 1½ Fuss breit sind, zusammengesetzt. Man hat also damals noch nicht so breite Tücher gewoben, wie jetzt. Die Fahnen waren, wie es scheint, alle auf beiden Seiten und zwar gleich bemalt. Wenn sie aber zerrissen waren, oder um ihnen überhaupt mehr Halt zu geben, wurde im Verlaufe der Zeit die eine Seite mit einem Stück Leinwand überzogen und so verdeckt.

Die Fahnen 6 und 15 sind sehr einfach, ohne künstlerische Verzierungen, die eine roth, mit weissem von der Fahnenstange aus durchgehenden Kreuze (eine Savoyerfahne), die andere grün, mit gelbem, auf gleiche Weise angebrachten Kreuze, dessen Schäfte aber viel dünner sind. Beide haben die Form des Andreaskreuzes (crux decussata) und sind überzwerch getheilt, nicht in der Gestalt einer römischen Zehn. Auf der grünen Fahne sind noch drei Kränze, vielleicht Pechkränze (oder Lorbeerkränze?), gemalt. Bei 7 und 14 wurde schon mehr Kunst verwendet. Ersteres ist weiss und roth, das Weisse oben; die Farben sind aber, wie bei den meisten Fahnen, bei ihrem jetzigen Zustand nicht mehr zu unterscheiden, das Ganze erscheint schwarzbraun. Die zwei Zacken, in der die Spitze der Fahne gemäss Abbildung im Buche getheilt war, sind verschwunden. Vertical über der Fahne prangt in goldener Schrift, von der Fahnenstange aus, parallel mit derselben, gemäss dem Fahnenbuche gegen die Spitze hinaus sich dreimal wiederholend, der Sinnspruch: plus. que. vous. Unten daran, nicht sicher zu lesen, sind jedesmal, durch ein goldenes Band zierlich verbunden, in grösserer Schrift die Buchstaben J und e (vielleicht A und e) enthalten, so dass man wohl lesen darf: plus que vous je. *) Die Schrift ist auf der Fahne nur einmal noch vollständig zu lesen: der zerrissene Theil der übrigen Fahne wurde so gleichgültig zusammengeleimt, dass die Schriften nicht zusammenpassen. Das Ganze könnte aber ohne gar grosse Schwierigkeit wieder ziemlich vollständig in richtiger Weise hergestellt werden. — No. 14 war blau und weiss, letzteres unten. In der Mitte der Fahne stand, durch einen Feuerstahl unterbrochen, in goldener Schrift die Inschrift: Je la. Von der Fahnenstange aus sah man zuerst, Alles in Gold, das St. Andreaskreuz, von zwei Lorbeerstämmchen gebildet, die von einem Feuerstahle zusammengehalten werden: von dem Stahle aus sprühten durch Berührung mit einem, allerdings eigenthümlich geformten, Feuerstein, Feuerstrahlen, ringsum loderten einige Flammen. Dann folgte die Bezeichnung .ij. (vielleicht statt e ein e.) Hierauf zwei sich kreuzende Pfeile, wieder durch einen Feuerstahl mit Flammen verbunden, hierauf die genannte Inschrift, dann wieder ein Feuerstahl mit Flammen und zuletzt nochmals zwei sich kreuzende Pfeile, durch ein Band verbunden. Das St. Andreaskreuz und der Feuerstahl **) kommen auf den burgundischen Fahnen häufig vor. Der stolze Herzog von Burgund scheint ein besonderes Vertrauen zum Heiligen Andreas und seinem Kreuze gehabt zu haben. «Der Hertzog von Burgunn — berichtet der Rath von Basel am St. Othmarstag 1474 seinen Hauptleuten im Lager von Hericourt — hab geschworen by sannt Andres Crutz, da dannen

---

*) Das Fahnenbuch gibt die Inschrift nicht richtig: plues que vons. Das s in vous gleicht im Buche und auf dem Original einem b, kommt aber auf der Fahne auch in plus einmal so vor.
**) «Fürschlag.» Feuerschlag.

(von Neuss) nit ze kommen, Er habe denn das vor erobert, oder er wolle ein stab an die hand nemmen vnd damit von dem Land gan.«*) Der heilige Andreas war der Bruder des Petrus und der erste Schüler Christi, der aus der Jüngerschaft Johannes des Täufers zu ihm überging. Er wurde den 30. Nov. des Jahres 83 gekreuzigt und zwar soll es an einem Kreuze geschehen sein, das die Form eines X gehabt habe. Darum nennt man solche Kreuze, die entweder überzwerch getheilt, oder in Gestalt einer römischen Zehne gebracht sind, Andreas-Kreuze. Das Lorbeerholz, das nur schwer verbrent, sollte vielleicht die unverwelklichen Lorbeeren andeuten des

„kühnen Heeres,
Vor welchem Lüttich fiel und Frankreichs Thron erbebte."

Die Feuerstähle mit den Feuersteinen bilden die Glieder (Ringe) der Ordenskette des goldenen Vliesses, und dieser weltliche Ritterorden war durch Karls des Kühnen Vater (den 10. Januar 1430) gestiftet worden, nach dessen Tode Karl Grossmeister desselben wurde. Von Bedeutung ist die Bezeichnung c i j (2) oder c i j. Es geht daraus hervor, dass die Fahne diejenige der zweiten Escouade einer Compagnie, wenn nicht diejenige der Compagnie selber war. Nach der Heereseintheilung Karls des Kühnen von 1473 bestand nämlich eine Compagnie aus circa 600 Mann und entsprach demnach einem jetzigen Bataillon der schweizerischen Armee. Eine Compagnie war in vier Escouaden eingetheilt, was bei uns so vielen Compagnien gleichkömmt. Die Fahnen der Compagnien unterschieden sich durch ihre Farben und Bilder; nebstdem hatte jede Escouade ihr eigenes Fähnchen, von der Farbe der Compagnie-Fahne, aber durch Nummern (1 bis 4 C.) bezeichnet. Aehnliche Bezeichnungen hatte nicht nur diese, sondern auch zwei andere bei Murten eroberte Fahnen (No. 10 und 19 des Fahnenbuches). Es waren dieses demnach

---

*) Staatsarchiv Basel, Missivenbuch.

nicht von den in den Kästen gefundenen Schaufahnen, sondern solche, die zur Heereseintheilung gehörten und im wirklichen Kampfe gebraucht wurden. Des weitern darf man darum schliessen, dass diese drei Ehrenzeichen von den Solothurnern in der Schlacht erobert, nicht nur in der Beute gefunden wurden. Um so interessanter wären sie, leider aber ist keine derselben mehr vorhanden.

Besonders schön und künstlerisch werthvoll sind die Fahnen 23, 24 und 26, alle drei noch erhalten. Die erstere ist eine von den von Hrn. Eigner restaurirten. Sie ist von weisser Seide und enthält in bildlicher Darstellung den Evangelisten Johannes auf einem Stuhle sitzend, mit der linken Hand den Kelch, aus dem eine geflügelte Schlange schleicht, haltend, mit der Rechten auf dieselbe hinweisend. «Die ganze Auffassung der Figur, besonders der etwas ältlich aber geistreich gemalte Kopf, die schönen bestimmten Motive der Gewandung, sind grossartig und eines Meisters würdig.» In der Umrahmung des Bildes ist «Saint Jean» zu lesen. Die übrige Decorirung der Fahne besteht aus dem St Andreaskreuze, von zwei Lorbeerstämmen gebildet, womit zwei feuersprühende Feuerstähle künstlich verflochten sind. Letztere sind noch mehrere Male wiederholt, von Flammen umgeben. Die Carnation der Figur ausgenommen, ist alles Uebrige auf Gold schwarz schraffirt. Die Spitze der Fahne ist abgerissen. Früher glaubte man, dass die Fahne von Jan van Eick († 1441), dem Hofmaler Herzogs Philipp des Guten, Karls Vater, gemalt worden sei. Jetzt nimmt man als Maler dieser und der andern von Eigner restaurirten Fahne den Hans Memling an, der Hofmaler Karls des Kühnen war und in der Schlacht bei Nancy verwundet worden sein soll. Herr Eigner hat die Fahne nach Anleitung der Abbildung im Fahnenbuche mit vieler Mühe und grosser Arbeit wieder möglichst gut hergestellt. — Die Fahnen 24 und 26 sind noch recht gut erhalten, mit Ausnahme der fehlenden Spitzen, die in zwei Theile getheilt waren. No. 24 ist weiss und blau, das Weisse oben und enthält die goldene Inschrift: Je lay, sammt zwei Andreaskreuzen und den Feuerstählen. Was der Fahne einen besonders hohen Werth verleiht, ist das schöne Bild auf derselben. Es stellt eine Heilige dar, die stehend die Mutter Gottes sammt dem Jesuskinde auf den Armen hält, — drei allerliebst gemalte Gesichter. Die Fahne steht an Kunstwerth den beiden restaurirten jedenfalls nicht nach und verdiente ohne Frage ebenfalls von Künstlerhand wieder nachgebessert zu werden. Sie ist wohl vom nämlichen Meister gemalt, wie die beiden andern.*) — Die Fahne 26 ist ganz blau, enthält als Decorationen ein Wappen mit dem goldenen aufrechtstehenden Löwen im blauen Felde, eine silberne Brücke von drei Bogen über einem grünen Flusse, auf jeder Seite derselben ein Thurm, ferner zwei Armbrüste, wovon der eine ohne Bogen, und überall vertheilt eine Anzahl Pfeile.

5. Von den übrigen Burgunderfahnen unseres Zeughauses wurden, nach Angabe des Fahnenbuches, fünf in der Schlacht von Murten (Samstag den 22. Juni 1476) erobert. Diese Schlacht wurde ausser E. von Rodt in neuester Zeit von Herrn Dr. Bähler in Biel umständlich und gut beschrieben.**) Ich füge einiges Weitere bei, das mir zu Gebote steht. Als die Lage der durch die Burgunder belagerten Bernerbesatzung in Murten immer gefahrdrohender wurde und

---

*) Eine Zeichnung der Fahne ist auf der artistischen Beilage zu sehen.

**) In einem fliegenden Blatte von 4 Folioseiten, das Freund Bähler auf das den 21. Juni d. J. in Biel abgehaltene Jahresfest des Bernischen historischen Vereins herausgegeben hat.

die Hülfsvölker noch immer nicht erschienen, mahnte Bern am Abend des 17. Juni in aller Eile die heranrückenden Luzerner, Urner, Schwyzer und Unterwaldner um möglichste Beschleunigung ihres Marsches. Uns ist in dieser Stunde — schrieb Bern — vor den Unsern in Murten berichtet worden, dass sie mit zahlreichem Geschütz gedrängt werden und grosse Mühe und Arbeit haben, Tag und Nacht die zerschossenen Mauern wieder zu bauen. Einige Thürme und Mauern sind in den Boden abgeschossen. Die Besatzung, die in «vnmenschlicher noth vnd strengen sorger» sich befindet, kann sich in die Länge *) nicht halten. Wir bitten Euch demnach auf's Höchste, ohne allen Verzug und Aufenthalt, so schnell es immer sein kann, den Unsern zuzueilen, in Mitgefühl dem Untergange der Unsern vorzukommen. Lasst Euch keine Sache so gross sein, die solches möge oder solle verhindern. «Aller liebsten Fründt vnd Brüder, wäre solche grose noth nit an der sach, wir woltendt üch so schwärlich vnd träffentlich nit ersuochen, aber es ist, leider, an dem end, das wir üch höcher müessend beladen, dann vns zu willen sig, gibt vns Gott fürer ein statt vnd wäsen, so wollend wir es ewiglichen verdienen vnd vns brüederlicher Thrüw sampt allem unserem vermögen von üch niemand (niemer, niemals) scheiden.» — (Das Bernerschreiben ist im Staatsarchiv Solothurn in einer Abschrift von einer Hand aus der ersten Hälfte des 17. Jahrhunderts, vermuthlich kurz nach dem Kluserhandel, vorhanden **) und demselben die gereizte Bemerkung beigefügt: «Da haudts vil verheissen, ietz aber wenig

---

*) «in die Har.» steht in unserer Copie, während «in die hau» im Abdrucke nach dem Original (Geschichtsfreund XXIII. 97.) keinen Sinn hat. Es wird wohl nur ein Druckfehler sein.

**) Denkw. Sachen V. 41. Seither erschien es nun gedruckt nach der Expedition im Luzerner Staatsarchiv im genannten Band des Geschichtsfreundes.

halten, vti Bernensium mos est», was die damalige gegenseitige Vertrauenslosigkeit mit zwei Worten deutlich charakterisirt.) Den zu Hülfe eilenden Eidgenossen und Verbündeten wurde bei ihrer Durchreise nach Murten, sowie auch bei ihrer Rückkehr nach gewonnener Schlacht, in Solothurn gebührenderweise wieder alle Ehre erwiesen. Nach den Bruchstücken unserer Staatsrechnung wurde «Schenkwin» dargereicht «als si gen Murten zugent» den Aarauern, den Herren vss dem Sungöw mines Heren von Österrich Rüter,» dem Peter Schönkind und seinen Gesellen, denen von Tann, ferner, «als si von Murten komen sind,» denen von Langenthal, denen von Basel, dem Urs Steger «als er mit den Knechten kam» (von Grandson oder Murten?), dem von Hallwil und dem Segenser «als si vss dem veld kamen.» Sehr interessant ist ein Brief, den die Regierung von Solothurn am Tage vor der Schlacht Nachmittags zwei Uhr an die solothurnischen Hauptleute, Venner und Rathsmitglieder in das Feld schrieb (abgedruckt im Anhang). Wir vernehmen aus demselben vorerst, dass man beabsichtigte, den Angriff auf die Burgunder schon den 21. Juni früh zu thun. So hatten die Hauptleute aus dem Felde gemeldet und das fromme Verlangen geäussert, die zu Hause gebliebenen möchten allenthaben Gott und Sanct Urs anrufen und bitten, ihnen allen den göttlichen Sieg zu verhängen. Sogleich traf die Behörde die nöthigen Anordnungen — und Jung und Alt erfüllten willig den Wunsch ihrer Vaterlandsvertheidiger. Die Regierung ordnete auch tägliche andächtige Kreuzgänge in der Stadt an. Dann gab sie Bericht über den Zuzug fernerer Hülfstruppen. Heute Vormittag in der eilften Stunde ist unser gnädiger Herr (der Herzog) von Lothringen mit 30 Pferden in unserer Stadt angelangt, ebenso zwei Grafen von Bitsch und ein Graf von Leiningen, sie beabsichtigen, noch nach Bern zu reiten. Des Herzogs von Lothringen Kriegsmannschaft wird auf heute Nacht auch ankommen. Man sagt, dass heute Nacht auch die Strassburger und der Markgraf von Niederbaden und Andere mit «treffenlich Züg» hier sein werden. Unser gnädige Herr und getreue Mitbürger der Landvogt *) ist gestern Nacht in der zehnten Stunde vor Mitternacht mit 10 Pferden von uns nach Bern geritten, in der Hoffnung, noch zum Angriff zu kommen; wir wünschen zu Gott, dass es geschehen sei! Seine Reiterei ist heute früh hier durch nach Bern geritten; sie werden sich möglichst beeilen. Viele hübsche Pferde werden abgeritten und zurückgelassen. — Dann schliest der Brief mit den schönen Worten: Lieben und recht getreuesten Brüder! Wollet nicht unterlassen, sondern uns alsogleich berichten, wie der Angriff geschehen sei und wie mit Gott des Allmächtigen, seiner Mutter Magd Marien, des Sankt Urs und des gesammten himmlischen Heeres Kraft unsere Feinde, wie wir zu Gott dem Allmächtigen hoffen! überwunden und vertrieben seien, auf dass wir uns mit den Unsern beruhigen und des Sieges freuen mögen. Damit seid Gott allezeit in seinen Schirm getreulich befohlen!

Ueber den Antheil der Solothurner am Murtenkriege selber vernehmen wir von dem Zeitgenossen Schilling nur, dass sie bis zum Einlaufen weiterer Ordre mit «ganzer Macht», gemeinschaftlich mit den Bielern, eine Weile zu Aarberg lagen. Wann sie auszogen und heimkehrten, wer ihre Hauptleute waren, welche Rolle sie in der Schlacht spielten, darüber finden sich in unsern Akten keine Angaben. Nur kann man aus dem Obigen, namentlich aber aus dem Umstande, dass Urs Steger von Solothurn bei einem Streite wegen Beute von Murten als Zeuge vernommen wurde,**)

---

*) Graf Oswald von Thierstein.
**) s. Anhang.

schliessen, dass er Hauptmann oder doch einer der Offiziere der Solothurner war. Bezüglich dieser Beute sagt Schilling, es sei im Lager der Eidgenossen beschlossen worden, «ein gmein Bütt» zu machen, «umb das menglichem, und sunders die es verdient hatten, jr Theil werd, und es nit alles den schnöden Schölmen blieb, dann es mengem der es verdient hat thüre was, und ward doch am letsten kein gemein Bütt, und blieb jedermann was er hat, daran anders nieman dann die Houptlüht und Gwaltigen schuldig warent, die hetten es wol mögen wenden und erweren, jnen was aber als vil worden, das sy es nit gern von Handen gaben, noch in die Bütt leiten.» Es gab darüber verschiedene Streitigkeiten. Aus dem erwähnten Zeugenberichte Stegers vernehmen wir Folgendes. Beutemeister der Strassburger bei Murten war der bekannte Ritter Konrad von Ampringen. Gemäss dem Beschlusse der Hauptleute sammelte er unter seinen Strassburgern das Beutegeld und übergab es ungezählt in einem «Werdäser» (?) den Beutemeistern daselbst, mit dem Verlangen, es zu zählen. Da der Beutemeister von Schwyz nicht zugegen war und das ihm von Andern schon übergebene Beutegeld bei sich hatte, so wollten die andern Beutemeister das Beutegeld des Ritters von Ampringen nicht zählen, sie nahmen es ihm ungezählt ab und überredeten den Antoni Scherer von Luzern, dass er dasselbe zu anderem nehme. Er that es in ein Tuch, das verstrickt und versiegelt wurde, und führte es nach Bern. Als die Beutemeister das Beutegeld zu Bern mit sammt den Kantonen theilen wollten, war abermals weder der Beutemeister von Schwyz, noch das ihm übergebene Geld vorhanden. «Also fürtte Anthoni scherer dz selb vnd ander püttgellt von jr aller pitt wegen mit jn gen Lutzern.» Auch die Bieler hatten, wie wir aus einem Schreiben des Raths von Basel an denjenigen von Biel (im Basler Staatsarchive) vernehmen, Grund zu Klagen. Es geht daraus hervor, dass Jedermann bei den Eiden geboten wurde, das eroberte Gut zum Gezelt der Basler zu führen in eine allgemeine Beute. In Folge dessen führten die Bieler zwei Wagen, schwer beladen mit Harnischen, Truhen und Anderem in dieselbe Beute und meinten, es sollte eine gemeinsame Beute werden. Da aber keine solche zu Stande kam, hat der Rath von Biel den von Basel, das Geld, das aus der Bieler Beute erlöst worden, ihnen zu überschicken. Beutemeister der Basler war damals das Rathsmitglied Lienhard Grieb, der auf diese Reklamation erklärte, dass sämmtliche eingebrachte Beute durch die Beutemeister gemeinschaftlich nach Beuterecht verkauft worden sei. Das erlöste Geld habe man dem Sigrist von Schwyz, dem Anton Scherer von Luzern und dem Achshalm von Bern, die alle Beutemeister waren, übergeben; er habe nichts davon bekommen. Den weitern Erfolg beider Reklamationen kenne ich nicht.

Es sei gestattet, hier noch eine alte, nicht gerade unglaubwürdige Sage zu erzählen. Bekanntlich wollten sich viele vom Burgunderheere vor den Alles niederwerfenden Eidgenossen über den See retten, indem «semlich gross Angst und Not unter sy kam, das gar vil von rechtem Jammer und Schrecken in den Murtensee ritten und louffen mussten, das er von der Stadt Murten bis oben us an das Moos, da er ein Ende hat, aller voll Lüthen stund und lag, die alle darinne erstochen und erschlagen wurden. Da ritten ouch vil grosser Herren und ander mechtig Lühte mit jren guldinen Scharinen, verdachten Rossen und andern köstlichen Dingen von Harnesch, Kleidern und anderm in den See und understunden (versuchten) über schwimmen; sy zarten auch jren Harnesch, Kleider und anders, was sy dann konnten oder mochten von juen, zu Uffenthalt und Lengerung jr Lebens, und wann sy lang gezabelten und nit erschossen oder erschlagen wurden, so gingent sy vor rechter Angst vnd Not mit den Rossen gantz under, das doch ein gros Not und jemmerlich Ding was.» Einer aber, in vollem Küraß, schwamm auf seinem Pferde, nachdem er den hl. Ursus um Beistand angerufen, glücklich hinüber, wallfahrtete dann dankerfüllten Herzens nach Solothurn und hängte seinen Harnisch zum Gedächtniss an seine Rettung im St. Ursusmünster auf, von wo er später in das Zeughaus kam. Und hier wird noch jetzt ein Harnisch als derjenige des so glücklich geretteten Ritters gezeigt, was auch folgende, auf einer dabei befindlichen Tafel geschriebenen, wegen Alters nicht mehr geläufig lesbaren Verse besagen, die freilich weniger poetisch gedacht als wohl gemeint sind:

«ANNO 1476.

Alsz gmein Eidtgnossen ohn verzagen
Bey Murten mit macht thäten schlagen
Hertzog Carln von Burgundt: entrann
In See daselbst ein Edelmann,
Verlobt gehn Solothurn zu kehren.
Sanct Urszen Helthumb zu verehren.
So bald dis Glübd beschen war,
Kam derselb gantz aus lebens gfar:
Dann Er mit Rüstung, Pferdt gahr eben
Schwamm durch den See: that sich begeben
Alszbald alhar, vnd zum Gedencken,
Im Münster liesz die Rüstung auffhencken
Die blib vill lange Jahr aldort
Bis man sie zletzt that an dis orth
Auff dass solch Gschicht nit werd vergessen
Die Gschrift thu Leser wohl ermessen.

Im Jar 1646

Aus liebe der Alten denkwürdigen gschichten
that dise tafell hie auffrichten.

H. Altenrath Hauptman Vrs Gibelin,
Des zeugs Haus Inspector gsin.
H. Hans Vlrich Küenberger Zeugwart war
H. Heinrich Semid (Schmid) mit dem diss iahr. »

. Freilich wenn man den Harnisch mit skeptischem Blicke betrachtet, so muss man leider gestehen, dass derselbe in seinem jetzigen Zustande aus mehreren Rüstungen verschiedener Zeiten zusammengesetzt ist, von denen einige Theile einer jüngern Zeit angehören. Zugeben muss man aber auch, dass der ganze Obertheil (Schultern und Halsberger Vorderarm und Handschuhe, ohne Fingertrennung) wohl aus der letzten Hälfte des 15. Jahrhunderts stammen mag. Der wenn vielleicht auch etwas jüngere Helm mit Kinnschiene und beweglichem Schirm ist einzig in seiner Art in unserer ganzen Harnischsammlung und sehr selten. Diese interessante Rüstung mag also nach wie vor immerhin die alte Sage, wenigstens zum Theil, bestätigen. — Unser Stadtchronist erzählt noch, dass Herzog Siegmund von Oesterreich, nachdem ihm die wunderbare Geschichte jenes Ritters erzählt worden, ein solches Vertrauen zu St. Urs gewonnen habe, dass er sogleich bei der Regierung von Solothurn schriftlich um Reliquien des Heiligen bat, die ihm auch bewilligt wurden und durch seinen Hofkaplan «mit grosser Reverenz und Ehrerbietung» nach Insbruck zu der fürstlichen Residenz abgeholt wurden. —

Von den fünf durch die Tapferkeit der Solothurner bei Murten eroberten Fahnen (No. 10, 11, 16, 17 und 19), ist nur noch eine vorhanden, No. 11 des Fahnenbuches. No. 10 weicht in der Form von allen andern Burgunderfahnen ab. Statt ein Dreieck, wie jene, bildete sie ein Parallelogramm, in vier Felder eingetheilt. Das erste Feld von der Fahnenstange aus war weiss und blau, das Weisse oben: das zweite enthielt, von einer Einfassung und vier Feuerstählen umgeben, das

Bild des hl. Philipp, in der einen Hand ein Buch, in der andern ein Kreuz, mit der etwas unsichern Umschrift «S. Phelipp.» Im dritten grössern Felde sah man zuerst, alles auf weissem Grund, einen Feuerstahl, kreuzweise zwei Pfeile dadurch gesteckt, dann die Inschrift: «Je lay emprins,» die auch auf bei Grandson erbeuteten Teppichen, sowie auf einer früher in Biel vorhandenen burgundischen Fahne stand, wie auch auf einer andern noch zu besprechenden des hiesigen Zeughauses steht. (Strohmeier* erläuterte den Sinnspruch dahin: «Je l'ai empreit.») Das vierte Feld ist wieder weiss und blau in gleicher Weise wie das erste, mit Feuerstahl, zwei Pfeilen und der Bezeichnung. v̊j. Aller Wahrscheinlichkeit nach war das Feldzeichen ein Reiterfähnchen der sechsten Compagnie (oder Geschwader? oder Escouade?). Fahne 11 ist ganz roth und lief in zwei Spitzen aus, die aber jetzt fehlen. Ueberhaupt ist dieselbe sehr verdorben, zerschnitten und unrichtig wieder zusammengesetzt. Als Decoration befand sich auf derselben ein goldener Stern in einem silbernen Kranze, der sich mehrmals wiederholt, und eine Burg mit goldener Porte, dreimal wiederholt; dann die siebenmal repetirte goldene Schrift: «Atendes.» Die drei andern (No. 16, 17 und 19) scheinen ebenfalls Reiterfahnen gewesen zu sein. Die beiden ersten enthalten im goldenen Feld den feuersprühenden Feuerstahl, No. 17 noch zwei Paar gekreuzte Pfeile, No. 16 hat in einem besondern Felde noch ein weiteres Symbol, das ich nicht erklären und eine Inschrift, die ich nicht lesen kann. No. 19 ist wieder weiss und blau, das Weisse oben, mit St. Andreaskreuz und Feuerstahl und der Bezeichnung .vj. (6).

6. Endlich haben wir noch der in der Schlacht von Nancy (am 5. Jan., Dreikönigen-Sonntag, 1477)

---

* Solothurn mit seinen Umgebungen. Soloth. 1840 p. 52.

eroberten Fahnen Erwähnung zu thun. Mit dieser Schlacht, in der der hochgebildete, aber durch masslosen Ehrgeiz irregeleitete Herzog von Burgund das Leben verlor, wurden die Burgunderkriege beendigt. Die Eidgenossen nahmen an diesem letzten Feldzuge und der Schlacht nur als bezahlte Söldner des von Karl aus seinem Lande vertriebenen Herzogs Renat von Lothringen Theil — so weit war man bereits auf verderbliche Irrwege gerathen. Es war diess der erste, auf obrigkeitliche Anordnung gesetzlich angeworbene Heerhaufen, den die Eidgenossenschaft in den Sold eines fremden Fürsten gab. Er bestand aus ungefähr 10,000 Mann. Auch über die Theilnahme der Solothurner an dieser siegreichen kriegerischen Aktion berichten die Geschichtschreiber, sogar unser Hafner, sozusagen kein Wort. Es ist demnach nur ein Akt der historischen Gerechtigkeit, wenn sämmtliche, aus Akten zusammengelesene, ob auch scheinbar noch so unwichtige Einzelnheiten, die sie betreffen, hier mitgetheilt werden.*) Die Solothurner betheiligten sich bei dieser

---

*) Ich füge hier aus der Staatsrechnung noch bei, dass man in Solothurn schon früher durch einen Boten von Bern Nachricht erhielt, «dz der Burgouner dz Lager von Nanse gerumpt hett vnd gen Sant Niclasz zogen wer.» Die nämliche Nachricht schickte auch Basel schon den 9. Dec. 1476 nach Luzern. (Geschichtsfreund Bd. 23 p. 103, Not. 2). Der Lagerwechsel muss also schon etwas früher stattgefunden haben. — In der Staatsrechnung von 1477 ist unter den Ausgaben für Läuferlöhne auch die Notiz: «Einem botten von Basel j lb. ze bottenbrot als die In Nanse den Burgouner zu Sant Niclaus angriffen vnd iiij^c (400) erstochen vnd viij^c (800) pferdt gewonnen hatten. — Dem schielenden Hafner von Ballstall v ß von derselben sach wegen.» Ferner: «It. Rüdin Burin v ß gen Biel di: mere als der Burgouner durch die In Nanse ze Sant Niclasz angriffen vnd im iiij^c man erstochen vnd viij^c pferdt gewonnen hatten dahin trug.» Nach einem Berichte des Raths von Strassburg an die Eidgenossen (Geschichtsfreund Bd. 23 p. 103) geschah das Ereigniss den 9. Dec. 1476.

Campagne mit 100 Mann, die aber, wie es scheint, nicht wie anderwärts sich freiwillig erstellten, sondern von der Obrigkeit aufgeboten werden mussten. Denn eine Angabe in der Staatsrechnung sagt, dass «man j° (100) Mann gen Nanse vssgezogen» (ausgehoben) habe, (am St. Lucientag, 13. Dez. 1476), die den 16. Dezember abmarschirten, nachdem sie auf Kosten des Staates mit einem Abschiedsschmause regalirt worden. Hauptmann derselben war Jakob Wyss von Solothurn, der schon den Feldzug nach Hericourt mitgemacht hatte. Damit er seine und seiner Compagnie Reiseausgaben bestreiten konnte, bis ihnen von Herzog Renatus der Sold bezahlt wurde, streckte ihm die Regierung 6 Gulden (!) vor. Die Namen der übrigen Offiziere finden sich nirgends aufgezeichnet. Auch Hemmann Hagen, der spätere Schultheiss und Tagsatzungsgesandte auf dem bekannten Tage in Stans, wohnte dem Feldzuge bei. Da er aber den 9. Januar («Vff Donstag vor Hilarij als Hemmann Hagen von Nanse kam») schon wieder in Solothurn eintraf, so kann er der Schlacht kaum beigewohnt haben; denn er hätte den weiten Ritt in vier Tagen wohl nicht vollenden können. Vermuthlich machte er den Kriegszug nicht als Militär, sondern als Civilcommissär der Regierung mit. Während der vierunddreissig Tage, die der Feldzug dauerte, wurde zwischen dem Kriegsheer und den Behörden in der Heimat fortwährend lebhafter Verkehr unterhalten. So erhielt man in Solothurn z. B. Nachricht «als die Knecht zu Nanse den Angriff tůn wollten,» welche Nachricht man durch einen Läufer auch nach Bern und durch einen andern nach Biel tragen liess.

Die Schlachtordnung der Truppen des Herzogs von Lothringen bestand aus einer Vorhut, aus dem Gewalthaufen und der Nachhut. Die Solothurner standen bei dem Gewalthaufen, der aus 8000 Mann Fussvolk und 1300 Berittenen bestand und den aus Reiterei bestehenden rechten Flügel der Burgunder warf und hierauf gemeinschaftlich mit der Vorhut das burgundische Centrum vernichtete. Einer der Solothurner gab im Namen von Hauptleuten und Venner sogleich nach der Schlacht dem Rathe in Solothurn schriftlich Kenntniss von dem erhaltenen Siege. Wir haben — schreibt er — in dem Namen Gottes Sonntag in der zwölften Stunde den Herzog von Burgund angegriffen vor Nancy, ausserhalb seinem Lager, denn er ist uns entgegengezogen mit einer grossen Macht mit Fusslenten und zu Ross, und haben ihn für Nancy hinab gejagt wol eine grosse Meile Weges bis zu einem Städtchen und Kloster genannt Lifeltingen (?) und ihm eine merkliche Zahl Leute dabei erschlagen, doch weiss man die Zahl noch nicht. Er hat im Lager nicht viel Gut gehabt, man sagt, er habe es in der Nacht auf die Seite geschafft. Es sind uns grosse Hauptbüchsen und viele Schlangenbüchsen geblieben. Durch Gnade Gottes sind auf unserer Seite wenig Leute wund oder todt geblieben, und besonders von Solothurn ganz niemand geblieben. Noch macht der Berichterstatter folgendes Lob über den Solothurner Hauptmann: «Ewer hobt man hat sich och er lich vnd redlich getragen vnd hat das folk inn guter ornug vnd sind in (ihm) och gehorsam», während sonst die Disciplin bei den Schweizern während dieses Feldzuges gar sehr zu wünschen übrig liess. Dass der Herzog von Burgund gefallen, war dem Berichterstatter noch unbekannt. Man erhielt später zuerst nur die Nachricht, dass er flüchtig geworden, wie wir aus unserer Staatsrechnung vernehmen: «Vff Sontag nach Sant Anthonyen tag (19. Jan.) als die mere kament dz ob vij M (7000) vor Nanse erschlagen werent;» ferner: «Als der bott von Basel gütte mere pracht wie der Burgonsch Hertzog vor Nanse geschlagen vnd flüchtig worden wer» und «Vff Doustag darnach als Henmann Zeiss von Nanse kam vnd och die selben mere pracht.» Nachher circulirte erst nur gerüchtweise, derselbe sei umgekommen, welche Nachricht Solothurn ungesäumt durch einen Läufer auch nach Bern und Biel berichtete: «— als der Herzog von Burgon selbs vmbkommen sin sollt.» War in Solothurn die Freude über den Sieg und über diese unsichern Gerüchte schon gross, so wurde sie noch viel grösser, als die bestimmte officielle Nachricht über den Tod des gefürchteten Feindes einlief. Die Boten, die die Nachricht brachten, wurden reichlich beschenkt, Freudenfeste wurden auf Kosten der Staatskasse gehalten. So findet man z. B., dass der Staat verausgabte: «Peter schilling ij lib. ze bottenbrot als der Hertzog von Burgon erschlagen ward vor Nanse. — Item Zeissen ij lib. ovch ze bottenbrot von dess selben loblichen Sigsz wegen.»

Den 20. Januar rückte unsere aus dem Felde heimkehrende Kriegsschaar in Solothurn ein, stolz drei eroberte Fahnen entfaltend, und wurde «zum Imisz» mit einem Ehrentrunke empfangen. Drei Tage später gab man dem Hemmann Hagen, den Hauptleuten und Vennern, die vor Nancy waren, noch ein besonderes grosses Freudenmahl. Dass die Solothurner drei Panner eroberten, beweist folgende in der Staatsrechnung enthaltene, im Weitern nicht klar genug bezeichnete Ausgabe des Jahres 1477: «It. Meister Abrecht dem Maler j lb. von dem brieff ze malen dar Inn di iij Zeichen von Nanse stand.» Und im Fahnenbuch sind auch wirklich drei Fahnen von Nancy abgebildet (No. 20, 21 und 22), die auch alle drei noch vorhanden sind.

No. 20 ist eine von den von Hrn. Eigner restaurirten.*) Sie ist weiss und blau, das Weisse oben, und enthält den Sinnspruch: «Je lai emprins.» Was der

---

*) Sie ist in der lithographischen Beigabe nachgebildet.

Fahne einen besondern Werth verleiht, ist das Bild auf derselben. Es stellt den Kampf des Ritters Georg mit dem Lindwurm auf der zackichten Felsenkante eines Berges dar. Das grause Ungethüm, mit weit herausgestreckter Zunge, hat dem kühnen Ritter zu Pferde bereits den Speer zerschmettert und hält das eine Stück desselben in den händeartigen Krallen, im Begriffe, gegen Ross und Reiter dreinzuschlagen, so dass der Ritter genöthigt ist, sich mit dem Schwerte zu vertheidigen. Der Kopf desselben ist das bekannte Portrait Karls des Kühnen. Der Ritter trägt eine ganze Rüstung, mit silbernem Brustharnisch, worauf ein Kreuz. «Obgleich das Ganze den heraldischen Charakter trägt, beurkundet sich ebenfalls (wie bei der andern restaurirten Fahne) eine grosse Meisterhand. Der Kopf des Ritters ist ganz in dem Charakter des Memeling behandelt.» Wie auf den heiligen Andreas, so hielt Karl der Kühne auch auf den ritterlichen St. Georg grosse Stücke. Darum liess er auch ihn zum Ansporne für seine Soldaten durch Künstlerhand auf seine Fahnen malen, und «bei St. Georg», schwor er vor der Schlacht bei Grandson, «bei St. Georg, zeigen wollen wir den Schweizern, wer wir sind!» St. Georg mit dem Drachen stand auch auf der erwähnten Bielerfahne, die die nämliche Inschrift trägt. Der Ritter aber war zu Fuss kämpfend dargestellt. — Die beiden andern Fahnen sind oder waren mit Ausnahme der Zahl der zu erwähnenden Chevrons sich vollständig gleich: doch war No. 22 viel grösser, als 21. Die Grundfarbe der Fahnen ist blau, sie sind der Länge nach in zwei Hauptfelder eingetheilt und diese wieder in drei kleinere und ein grösseres. Eine Anzahl goldener Balken (Chevrons) durchziehen quer den obern Theil des grössern Feldes und eines von den kleinern der obern und untern Felder, die mit einer rothen Einfassung umrahmt sind; i. e. Altburgund. Im untern grössern und in einem von den kleinern obern und untern Feldern prangt eine Menge goldener Lilien, in einer theils silber-, theils rothgestückten Einfassung, — das ist Neuburgund. In einer der kleinern obern und untern Abtheilungen schreitet ein rother Löwe in silbernem Felde, was Luxemburg bezeichnet. Auf einem kleinern Mittelschilde über den sechs kleinern Feldern steht der schwarze Löwe in goldenem Felde, — das Wappen der Grafschaft Flandern. Diese vereinigten verschiedenen Embleme bilden demnach das Wappen Karls des Kühnen, wie dasselbe z. B. auf seinem goldenen Insiegel enthalten ist, das er in der Schlacht von Grandson verlor und das sich im Staatsarchiv von Luzern befindet.*) — Die Fahne 21 ist noch ziemlich gut erhalten, mit Ausnahme des untern und mittlern Löwen. Die Spitze aber fehlt. No. 22 (im Zeughause mit No. 58 bezeichnet) ist sehr arg hergerichtet. Der dreieckigen Fahne wurde eine viereckige Gestalt gegeben, zu welchem Zwecke die Spitze abgeschitten oder abgerissen und verschiedenartige Bestandtheile von andern Fahnen, die nicht hieher gehörten, zusammengekleistert wurden. Die ächte Gestalt hat nur noch einen, der Fahnenstange nähere, Theil.

7. An übrigen von den Solothurnern eroberten Fahnen und Feldzeichen waren in der Mitte des 17. Jahrhunderts zur Zeit der Anlage des Fahnenbuches noch vorhanden: 1 aus dem Gefecht zu Rennendorf (Courrendlin) 1460,**) 7 aus der Schlacht von Dornach 1499, 6 aus dem Sturme von Ronen und den

---

*) Es ist abgebildet im Geschichtsfreund Bd. 23 und beschrieben ebendaselbst p. 29 von Herrn J. Meyer-Amrhyn.

**) In meinem Aufsatze über «das Gefecht zu Rennendorf» in der «historischen Zeitung» von 1853 p. 98 habe ich irrthümlich gemeldet, dass die bei Courrendlin eroberte Fahne von Pfirt nicht mehr vorhanden sei. Sie ist noch vollständig wohl erhalten und hieng damals nur nicht am gewohnten Ort.

Schlachten von Dreux und Moncontour 1562 und 1569. Jetzt sind alle bis auf drei verschwunden. Die Burgunderfahnen aber überstrahlten an Schönheit, Geschmack und Kunst alle andern bei weitem und sind ein laut redender Zeuge von des stolzen Burgunders Prachtliebe, aber auch von seinem entwickelten Kunstsinn.

Alle diese Siegestrophäen prangten früher in Solothurns Hauptkirche, im St. Ursusmünster; später wurden sie in die Kirche der Väter Franziskaner aufgesteckt, bis sie auch hier wegen Misshelligkeit zwischen dem Kloster und der Regierung weichen mussten. Da nämlich um die Zeit der Reformation das Kloster von Geistlichen verlassen war und längere Zeit verödet stand, räumte die Regierung einen Theil der Gebäulichkeit dem französischen Gesandten als Wohnung ein, der sich aber gar zu bald so breit machte und nach und nach seine Räumlichkeiten der Art ausdehnte, dass den später wieder eingezogenen Barfüssermönchen nur noch der kleinste und schlechteste Theil des Klosters übrig blieb. Auch sonst wurden sie von Ambassador und Regierung auf manigfaltige Weise eingeengt und ihre jahrelangen zahlreichen Reclamationen blieben ohne Erfolg. Denn die Staatsbehörde durfte keinem Wunsche des mächtigen Repräsentanten Frankreichs, durch dessen Fürsprache die reichen Pensionen flossen, nicht zu Willen werden, und so mussten sich die Schwachen, die nichts weiter bieten konnten, vor dem Starken hülflos ducken, was das frühere gute Einverständniss zwischen ihnen und den weltlichen Behörden störte. Nicht schön war es aber, dass die Gereiztheit der Franziskaner endlich so stieg, (die damals vorgenommene Hauptreparatur der Kirche musste nur als Aushängeschild dienen), dass sie bei der Regierung unter Anderm das Begehren stellten, es möchten die «alten Fahnen ausz unszerer Kirche geschafft» werden. Zu einem so leidenschaftlichen, unvaterländischen Schritte konnten sie doch wohl nur darum verleitet werden, weil der Guardian (Joan. Ludov. à Musis) und vielleicht noch andere Ordensgeistliche Ausländer waren, die nicht besonderes Interesse an den Siegeszeichen unserer Ahnen haben mochten.

Die Regierung fasste hierauf den 27. Januar 1640 den wohlthuenden Beschluss, zu dem namentlich auch der Staatsschreiber Hafner, der Chronikschreiber, beitrug: «Demnach diszere Fahnen von den Altvordern in verschiedenen schlachten loblich von dem feindt erobert ouch der posterität zue Einem Spiegel der Tugenden und Dapferkeit hinderlassen, vnd in diszer Kirchen auffgehenkt worden, können meine Herren selbige nit wol abschaffen: Jedoch weiler Zu besorgen, es möchte gerüste Fahnen altershalber etwan in abgang kommen, alsz sollen solche von dem Staub gesenbert, wo sie schadthafft verbessert, durch einen mahler in ein sonderbar Buech auff Pergament abgerissen mit Iren natürlichen Farben abgemahlt, vnd nachwerts in dem Archiuo ad rej memoriam auffbehalten oder aber nach Befindenden Dingen können Sie in dasz Zeughausz in einem sonderen gemach ordentlich auffgesteckht werden.»

In Folge dieser Vorgänge und dieses Beschlusses wurden in jener engherzigen, kleinlicht gewordenen Zeit diese Denkmale einstiger Einigkeit und Kraft, einstigen hohen Ruhmes und militärischer Macht unserer Vorfahren sämmtlich aus der Kirche der erzürnten Franziskaner herabgenommen, in's Zeughaus verlegt, vom Staube gesäubert, geflickt und von einem Maler in einem eigenen Buche mit Farben abgebildet. Der geschichtskundige Staatsschreiber Franz Hafner, auf dessen Anregung das Fahnenbuch zu Stande kam, war dem Künstler behülflich, indem er namentlich zu den Abbildungen jeder einzelnen Fahne eigenhändig hinznschrieb, in welcher Kriegsaffaire sie gewonnen worden. Das ausser dem ebenfalls bemalten Titelblatte aus neun Pergamentblättern bestehende Buch führt den Titel: «Eigentlicher Abriss der Jenigen Haubtfahnen, welche von den Solothurnern in verschiedenen Schlachten erobert worden» und wird im Staatsarchiv aufbewahrt. Es enthält 32 Fahnen, von denen nur noch 11 vorhanden sind. Ein Paar sind auch im Zenghause, die das Buch nicht enthält. Zu bedauern ist, dass nicht alle damals vorhandenen Fahnen eingezeichnet wurden, da die weggelassenen jetzt fast alle abhanden gekommen sind. — Der Name des Malers ist in seinem auf dem Titelblatte enthaltenen Monogramme angedeutet. Dasselbe ist aber so undeutlich, dass es nicht sicher zu lesen ist; es scheint, in einander verschlungen, die Buchstaben V K zu enthalten, wobei der erste Buchstabe nach damaliger Schreibweise so gut U als V bedeuten kann. Unter den bis jetzt bekannten Malern Solothurn's aus jener Zeit[*]) findet sich aber Keiner, dessen Name mit diesen Buchstaben anlautet. Ich glaubte den Künstlernamen in der Staatsrechnung beim Eintrag des ihm verabfolgten Honorars finden zu können. Umsonst habe ich aber mehr als ein halbes Dutzend Jahresrechnungen durchgangen; weder Name, noch Honorar sind eingetragen. Da von den Fahnen der grösste Theil verschwunden und von den noch vorhandenen die meisten in der seither verflossenen langen Zeit sehr stark gelitten, so hat das Fahnenbuch, wenn die darin enthaltenen Copien die schönen Originale auch nicht erreichen, einen bleibenden Werth, und die Regierung von

---

*) Siehe über die frühern Maler und Künstler Solothurn's die verdienstvolle Arbeit des Hrn. Fürsprech und frühern eigenöss. Generalprokurators J a k. A m i e t über «S o l o t h u r n s K u n s t b e s t r e b u n g e n   v e r g a n g e n e r   Z e i t.» Solothurn 1859 (Neujahrsblatt des Kunstvereins).

1640 und Staatsschreiber Hafner verdienen desshalb unsere volle Anerkennung.

Aufrichtiges Lob verdient nicht minder die jetzige Regierung, die mit der Restauration dieser prachtvollen Kunstschätze, dieser herrlichen Siegestrophäen unserer Vorfahren einen so schönen Anfang gemacht hat. Und noch mehr Anerkennung gebührt ihr, wenn sie, ungeachtet der nicht geringen Kosten, die Restauration sämmtlicher Fahnen nach und nach fortsetzt und zu Ende führt. Denn sie sind und bleiben für alle Zeiten wahre Zierden unseres Arsenals. Manches alte verkaltete Herz schlägt wärmer bei der Erinnerung an die Grossthaten unserer Väter, die durch den Anblick dieser redenden Zeugen wach gerufen wird; manch' junger Vaterlandsvertheidiger wird dadurch zu gleicher Tapferkeit begeistert für die Zeiten der Gefahren, die für unser, von so mancher Seite beneidetes, liebes schönes Heimatland immer und immer wiederkehren.

ANHANG.

1.
1474, 12. Nov.
(Staatsarchiv von Basel-Stadt, Miss. Buch 1474—1476.)

Burgermeistern vnd Reten | der Statt Cölnn |

Ersamen vnd fürsichtigen wisen, sunder lieben vnd gutten frund ûwer Ersamkeit syent vnser frauntlich guttwillig dienst, vnd alles das wir | eeren vnd guts vermogen allzyt bereit voran Was mercklicher vnzallicher | misshandlungen vnd grosser schwerer übeltaten, vnd geschichten | des durchluchtigen Hochgebornen Fürsten Herren Karole Hertzogen zu Bur- | gunn etc., dienere vnd verwanten, in der Grafschafft pflrt vnd in der gegeny vns bygelegener landtschafft, dem durchluchtigen Hoch- | gebornen Fürsten vnserm gnedigen Herren Herzog Sigmunden Hertzogen zu | Österrich etc. zustend, jrs eygenen gewalts freuels vnd Hochmuts dur- | sticlichen wider gott Ere vnd recht, | fürgenommen vnd begangen haben, Es sie mit enterung der heiligen | wirdigen Sacramenten, entwirdigung der heiligen Kirchen die an | Kelchen patenen messgewenderen messbücheren, vnd anderen jr gottes | gezierden beroubende, zerstörung der loblichen Clöster vnd gottshuser, | beroubung der Ersamen Priesterschafft, lesterung vnd nottrengung | der froûwen vnd jungfroûwen vmbbringung vil frommer landsessen, | von mannen wibern vnd kinden vnder jren jaren, ouch volbringung | vumönschlicher vnnatürlicher lasterlicher sünden, vnd gar vil | anderer vntaten, so offenbar kuntlich sind vnd sich in vffrechter | warheit erfinden zwifelt vus nút ûwer liebe hab die gehört vnd vernommen vnd daran nit klein

missfallen, als wol billich ist em- | pfangen, harumb vnd damit
solich übeltaten, vnd lasterlichen ge- | schichten, vngestrafft nit
bliben. So haben, nit allein vnser gnediger Herre | Herzog Sigmund danor genannt, sunder die Fürsten Herren vnd Stett in
der Vereynung zu Costenz gemacht, desglichen gemein Eidtgenossen vnd jr zů | gewanten ouch wir mit jnen, gott dem almechtigen zu lobe, den Cristen | glöubigen zůo vffenthalt, dem
heiligen Rych zů eren, der tutschen Nation zu gůt dem löblichen
Huss Österrich zůo rettung vnd růwb | gemeins nutzes willen dirre
landschafft vns verfangen vnd für | gesatzt einen mergklichen
treffenlichen Herzug bede von lütten vnd gezug | mit Hilff gottes
wider den Herzogen von Burgunn etc vnd die sinen. | Hie oben
zů land ze tund, welichen Herzug Sy vnd wir ouch dirre | zyt
in dem nammen gottes an die Hand haben genommen, on die so
von | den Stetten, Costenz Überlingen Lindouw Rauensphrg Ysny
Wangen vnd | andere, uff vnsers aller gnædigosten Herren des
römischen Keysers vermanung vns zuogezogen sind, Vnd vns damit für das schloss vnd Statt | Ellegurt so dem von Plamond
zůstande daruss ouch dirre landtschafft | bisz uff huttigen tag
mergklicher schad zugefügt worden ist, mit grosser macht vnd
schwerem costen geschlagen. das ze nöttigen vnderstanden | vnd
noch zur zyt on mittel beharren nach siner eroberung witter
nach gestalt der sachen fürzenemmen das sich geburt. | als wir
das alles, der k. M., als vnserm allergnedigosten Herren | verkundt
haben, siner gnaden meynnng by nch dester creffticlicher vnd
tröstlicher | haben vnd wissen nachzekommen, Desglichen
wollten wir ûwer Ersamkeit | das vnuerkunt ouch nit lassen in
dem vertrawen Ir das zů sundern froiden | gern vernemen werden, ouch ûwer vnd vnser gutten frund von Nuss uff | solichs
dester furer haben ze vertrösten dieselb ûwer Ersamkeit hie mit
gar | geflissen bittende vnd gestalt vnd wesen der selben von
Nusz so vil ûch | des wissend ist vnd sin mag by diesem vnserem
botten schrifftlich ze ! berichten, denn jr ouch aller Erberkeit
glückseligkeit ze vernemen | sind wir gantz begirlich geneigt als
wol billich ist. Geben ut s(upra) (uff Sambstag nach sant Martins
tag A°. lxxiiijt°.)

2.

1474, 12. Nov.

(Staatsarchiv von Basel-Stadt, Miss. Buch 1474 1476.)

Domino Imperatori

Dem allerdurchluchtgsten grossmechtgsten fürsten vnd Herren Herrn friderichen | Romischen Keiser zu allen zyten merer des Richs zu Hungeren Dalmacien Croacien etc. Kunig vnserm allergnedigesten Herren |

Allerdurchluchtigoster Grossmechtigoster Keyser allergnedigoster Herr, ûwern Keyserlichen gnaden syent vnser vndertenig schuldig vnd gehorsam dienst | altzyt demüticlichen bereits willens zûnor embotten, Allergnedigoster Herr | ûwer k. M., hatt hienor als vns nit Zwifels ist gehört mit was fûgen der | durchluchtig Hochgeborn furst vnser gnediger Herr Herzog Sigmund Hertzog | zů Österrich etc., die Graffschafft pflrt, mit sampt ettlichen andern Stetten, ¦ Schlossen vnd landtschafften dem durchluchtigen Hochgebornen fürsten, Herren Karole | Hertzogen zu Burgunn etc. verpfendet, derselb Hertzog Karole, sich hinwider, gen Im verpflichtet, die Graffschafft etc. mit einem landtuogt besetzt, derselb | wilent sin landtuogt Regiert, Er das vngestrafft geduldet hatt. Vnd | demnach der erstgenannte, vnser gnediger Herr Hertzog Sigmund usz keiner | vnnottnrfftigen bewegnnsse, dieselb siner gnaden Graffschafft land vnd | lût die vnůertriben mogen behalten vnderstanden wider zu sinen vnd des | loblichen Huses Österrich Handen zu ziehen, sinen Pfandtschilling geleit | vnd wie das alles verachtet worden ist, Ouch | was merckliicher vnzallicher misshandlungen vnd grosser schwerer ubeltäten, vnd | geschichten, demnach des Hertzogen zů Burgunn etc. dienere, vnd ver | wandten by kurtz vergangener Zyt, in der Graffschafft pflrt vnd in der | gegeny vns bygelegener landtschafft jrs eigenen gewalts Freuels vnd | hochmuts daruber dursticlichen wider gott Ere vnd Recht fûrgenommen, | vnd begangen haben, Es sye mit enterung der heiligen wirdigen Sacramenten | entwirdigung der heiligen kirchen, die an, kelchen Patenen, messgewenderen | messbücheren vnd andern jr gots gezierden beroubende, mit entsetzung der loblichen Clöster vnd Gotzhüsere, beroubung der Ersamen

priesterschaft | lesterung vnd nottrengung der Froůwen vnd
Jungfroůwen, vmb- | bringung vil frommer landtsessen, von
mannen wiberen vnd kinden vnder , jren jaren, ouch vollbringung
vnmönschlicher vnd vnnatürlicher laster- | licher sünden mit
demütiger erloubnng vor uwer kl. M. ze schriben, Wie | denn das
alles die geschrifften an dieselb uwer kl. M. darumb vsgangen
| vollielicher vnd grůntlicher in der getat warlichen jnnhalten etc.
Da | bitten uwer kl. gnad wir mit aller demůt gnediclich zůuer-
nemmen, daz | mit allein vnser guediger Herr Hertzog Sigmund,
Sunder die fürsten | Herren vnd Stett der vereynung zu Costentz
gemacht desglichen | gemein Eidtgenossen vnd jr zugewanten
ouch wir mit jnen, solich vngotlich vnmenschlich vnd | vnnatürlich
übeltaten vnd lasterlichen geschichten so wyt zu Herzen | ge-
nommen, vnd die gott dem almechtigen zů lobe, den Cristen
gloubigen | zů vffenthalt, dem heiligen Rych zu eren, der Tütschen
Nation zů | gut dem löblichen Huse Österrich vnd der synen zů
rettung gemeinem land zu friden vnd untzbarkeit mererem schaden
vorzesind, mit Hilff gottes | ze straffen vnd ze rechen vns ver-
fangen, vnd furgefasset haben, einen | merklichen treffenlichen
Herzoge bede von lůtten vnd gezug wider | den Hertzogen von
Burgunn vnd die sinen hie oben zu land | ze tund welichen Her-
zug Sy vnd wir ouch dirre Zyt in dem nammen | gottes an die
Hand haben genommen on die so von den Stetten Costentz überlingen
lindouw Rauenspurg ysny wangen vnd andere, ůff ůwer
k. M. vermanung vns zuzogen sind, vnd vns damit für das schloss
| vnd Statt Ellegurt, so dem von Blamond zustannden, daruss ouch
dirre ! landtschafft biss uff hůttigen tag mergklicher schad zu-
gefügt worden ist, | mit grosser macht vnd schweren kosten
geschlagen, Das ze nottigen | vnderstanden vnd noch zur zyt on
mittel beharren nach siner eroberung witter nach gestalt deꝛ
sachen fürzenemmen dz sich gebůrt | Dis allergnedigistor Herr
wolten ůwer k. M. wir vnůerkunt nit lassen | uff das vnd wir
verstanden dieselb ůwer k. M. mit sampt etlichen | Churfürsten
Fürsten, Herren vnd Stett des heiligen Rychs derglich meynung
ouch syent, vnsern gůtten fründen von Coln zu tröst vnd ent-
rettung | der von Nuss, zuzeziehen, vnd jr gnedig Hilff vnd by-
stand, löblichen ze bewisen, sich an dem ort vnd daniden ze land,
dester tröstlicher wissen ! vnd haben dar ju ze schicken zů
welichem fürnemen ůwer grossmechtikeit | Wir von gott jnnee-

lichen mit demütiger flechd begeren vil glucks vnd | syges mogen
erwünschen, vnd fruchtbarlichen erhort werden Die selb ůwer |
k. grossmechtikeit mit dem hochsten fliss vnd aller vnderteniķeit
ernst- | lich bittende, jr lobwirdig fürgefasst meynung mit hilff
gottes | guediclich ze beharren, danon nit ze ziehen, sunder
creffticlichen angehangen damit | die begangen ůbeltaten gestrafft
vnd fürer fürkommen werden zwifelt vns nit denn ůwer k. M.
bewise dar jnn gott vorab Ere, vnd erfolge, | damit gegen gemeiner
Cristenheit dem heiligen Rych vnd Tůtscher Nation | solich lob,
so nit ze volbrisen ist, geschwigen, des tröstes nutzes vnd frommen,
| mengklichen daňon entsten mag, so nit die minsten gůtteten
sind dem , heiligen Rych zu gůt mogen dienen, dexter furer derselben ůwer k. M. mit aller ! vnderteniger Dienstbarkeit mögen
anhangen denn ws sinem Fürsatz nit tratzlicher | widerstand
begegnen solt wellen wir glouben Er wurde nach eroberung | der
Stat Nůss danor gott sye trachten jm das gantz Rych undertenig
ze | machen dem allem ůwer k. grossmechtikeit, Durch gott darzu
gewidemet | mit siner vnd ander frommer Cristen glönbigen des
heiligen Rychs gelideren | wol trostlich vor wesen mag, Was
denn die Fürsten Herren vnd Stet ! der vereynnng gemein Eidt-
genossen vnd wir mit jnen hie oben zů land dar | zů, zů gůt
ouch erschiessen mögen sind sy vnd wir bereits willens geneigt
| vnser lib vnd gůt so verre das reichen mag dar ze setzen, darzů
das mit | aller vnderteniķeit demůticlichen ze verdienen vmb
ůwer k. gnad die der | almechtig gott lang zyt in glücklichem
wesen hie zu merung sind heiligen Rychs vnd darnach in ewikeit
selicklichen wolle bewaren Geben ůff | Sambstag nach sant Martins
tag Anno lxxiiij⁰. |
 ůwer keyserlichen Maiestat |

      altzyt vnderteniger
      Peter Rote etc.

3.

1474, 14. Nov.

(Staatsarchiv Solothurn, Denkw. Sachen V. 21.)

Denen fursich wisen schulhes vnd dem rat von solodorn vnsern gneddig lieben heren

Vnser früntlich wil dinest was wier eren vnd gnt fer mog en welen wir allezytt sin briet gnedig lieben heren wier land wogver wishiet wisen das vns vf samtag nest jst fergauen gros warnng ist komend das man der legren jes (eines) zetz (jetzt, — so oder die jetzt) in dem fel (Feld) ligen for elgurt an grifen welles leger men aber an wele an grifen ken man nut wiss vf das hat man jedman hies gerust sind das beschege jst vf das gabman zen worczzeg (Wortzeichen) als man den tůt vnd ist das worczieg gesind von den gnaden got solodurn vnd der gůt helg her sant wrsvs vns lieb helen alsso guedig lieben heren sog (so) jst worden vf sundtag nest ist ferganen sog (so) jst der riessig czug vnd jen fůs wolc vm den nidten tag vnd haud velen das leger an grifen also jst die stund vo den gna got als gůt das wier im fürer an gegen czogen mit gůt ornig vnd mit gůt můt doch sog was das leger och wol behůt vnd har vm gned lieben Heren haud wier sig (sie) an grifen vnd sig vllen (allein) big (bei) dem ersten [Angriff] gestaut (gestanden) aber gar bal wichsig (wichen sie) hind sich vnd jst man innog (ihnen nach) czogen vf ij mil wege vn dag czusten (dazwischen) haud wier erschlagen als man het gesetz (geschätzt) vf cccccc hunder man von den gnad got vnd lieben heren wier sind in nach czogen bis in jer (ihr) leger dog han sig gehept jend (eine) wagburg und ist der wegneg (Wägen) gesint vf sag (sechs) hunddert dieg selben wagen borg haud wierd och imgnom (eingenommen) vnd in das her gefůrt och hat man sing (sie) alle vs geczogen wieg (wie) es aber wirt gant vm dieg grosse but moch wier jetz den rytt nut wissen aber als bald wierd Das vnd ander fer nem wellen wer och allecytt lasen wjsen och het man jn die stat elgurd geschosen mit dem grosen Tzug der buchsen (Büchsen) vol (wol) vf v tag mant hat aber noch unt geschosen das man mog dar tzugt tůn als den darczůgt gehort als bald vns Got Hilf das wier

Sig wber kommend (überkommen) als wier Got trogwen ger bald
beschegt solle wierd och tze wisen tůn das vnd ander sog (so)
vns den begegnet in dem feld sog (so) vier (wir) erst ken (können) oder mogen fursichich wis lieben heren so land wir wog
wer wis wisen das wog wer fol (Volk) jecz in dem fel sind noch
al frnst vnd gesunt sind von den gnad Got wierd het (wir hätten) och gern meg geschriben so jst die Cyt gug (zu) kurcz gsint
wen wier sind gar spot wider in da Leger kont (kommen) nuc-
zmol nut meg den diser Brief jst geben vf suntag in der nach
nah mitter nach vol viii dieg Cyeg
von mner bendich kůnr vnd bethsns mekkin fernd
vnd ander vogverergwer ratzfrund jetz ln dem leger
for elgůrt

. . . . . .

4.

1474, 15. Nov.

(Staatsarchiv Solothurn, Denkwürdige Sachen V. 20.)

Ebenfalls an Solothurn.

Vnser früntlichen Grus vnd was wir erren vnd gucz wermögen wermögen (sic) gueddien lleben herren Do wellen wir
alzitt gern tůn gneddien lieben herren als wr wnueren gnadden werschriben hatten als von der midder legi wegen die da
bi schechen ist mitt Der hilf gocz vff dissem nechsten wer
gangen sunendag do hatten wur wer gnadden werschriben als
vmb. vi, hunddert man die da ligen warren aber wnr huben vns
erkunddet sidder Dz es gewuss ist Dz ob tussung vnd fast fil
trüber Die hatt man fundden allentalb vff den waldstetten vnd
sind die gezeltt vnd ist fuos folck gesin vnd ist der merteil gesin Der Lampartter vnd hatt man die enblůndrett al es sig ros
harnisch Kleidder vnd was man bi jnen gefundden hatt vnd hett
man bi eid vnd bi erren jedder man gebotten Dz er Dz muos Dz
jn die bnt werffen vnd gebuttettiget man Dz nucz zemal vnd gatt
man Da mitt vmb nucz zemal was aber furbasser dar vs wirtt,
mögen wir nuczemal nitt wissen was aber Dar vs wirtt als bald
wir Dz wer nemen wellen wur wierren gnadden ze wissen tun och

gneddigen lieben herren wr tuond wuwerren gnadden ze wissen
Dz wur fil lütz vs der zal hein lassen libs nott halb vnd bresten
halb Dz si an gatt an jerrem lib vnd besuudder so erfrierren si
fast geben vff zisttag ze nachtt vmb die ſlerri nach santt Martis
tag im lxxiiij jar

Von mir henddichtt knuratt hoptman vnd petter
hans mecking feurn vnd die rett ze sollentren jetz
im feld for ellignrtt

5.

1474, 17. Nov.

(Staatsarchiv Solothurn, Denkwürdige Sachen V. 20b.)

An das Nämliche.

Vnser früntlich Dienst vnd was wür erren vnd gutz wer
mögen sigi nwerren gnadden zu allen zitten for an bereitt gneddigen lieben herren als ower gnad vnd wüsheitt, wuns wer schriben hand als von wuussers gneddigen herren des margraffen des
erbsburger wegen des selben schriben hand wür wol werstaudden
vnd sind dem nach gangen vnd sind zu wnsserren eiggenossen von
bern gegangen vnd haben jn für geleitt was nwer guad vnd
wüsheit uns wer schriben hatt, von vnsers gneddigen herren des
margraffen wegen Da haben si wuns geanttwurtt, jr herren haben Des glichen juen och geschriben glicher wüs als ower gnad
wuns och werschribend hand vnd bedunke si dz zu dissen
sachen in disser zitt nütt dar zu tun bis dz me zitt wer
lofft wen Dar vmb gneddigen lieben herren so können wür
wch nutz zemal kein auttort, lassen wüssen aber waud die zitt
werlofft so wellen wunsser eiggnossen von ber vnd och wür
öwerren vnd wnusser eigguossen von ber guttig nach gan vnd was
wuns geantturtt vnd vsser dissen sachen wirtt wellen wür öwerren gnaden kürtzlich lassen wüssen och gneddigen lieben herren
als wir öwerren gnadden for mals zürren (zwuren, zweimal) hand
werschriben als von der nidderlegi wegen die da geschehen ist
do konddeu wür öwerren gnaden kein gewissen darvon geschriben
aber nntz zemal lassen wir öwerren gnaden wüssen dz vff disser

nechst vergangen mittwochen sind die erschlagnen zemen gefůrtt
vnd bestattet von priesttren vnd von frowen vnd an der zal
fundden wůrdden gewisser zal xxxv vnd xvi hunddert sőllich wűr
vwrren gnadden nitt wellen vnwerkund lassen geben vff Don
stag nach sautt martis tag ze mitten tag im lxxiiij Jar

    von mir benddichtt kunratt hoptman vnd petter
    hans mecking fenur vnd die rett for elligurtt im feld

6.

1474, 20. Dec.

(Staatsarchiv von Basel-Stadt. Miss. Buch 1474–1476.)

Cölnn |

Ersamen etc. ut supra, Innhalt ůwers briefes vus zů letzt zůge-
tragen vnd was | ir vns des wesens vnd handels zů Nusz syt
ůwer letzten geschrifft | verkunt, haben wir zů hohem danck
gernn vernommen, Vnd damit ůwer liebe ench | gruntlich vnd
warlich mitwissen habe, der geschichten durch | die verhengek-
nusse gottes ouch syt vuserm letzten shriben, in Ober Burgund |
durch vnser gnedig herren vnd gutten frund die fürsten Stett
vnd eydtgenossen der vereynnng etc. begeben So | fůgen wir ůch zů
wissen demnach vnd ůch | ůwer vnd vuser gutten frunde von
Strassburg, der geschicht vor | Ellicort verloffen schriben lassen
so vil vnd sy des die zyt wissen haben mogen han, dz der Bur-
gundier, vff vjc. | tot beliben syen etc. dz sich begeben hatt dz die
Burgundier. lamparther, | vud Bickarten vff Suntag vor Sannt Ott-
mars tag letzst ' verschinen vmb mittag zyt mit Heres macht
vff xᴍ. zů Ross vnd viljᴍ. zů fuss | zů nechst dem here vor Elli-
cordt gewesen, haben lassen sehen, In | fürnemmen das Here ze
überfallen vnd ettlich octer (?) | vss jrem leger ze schlahen, vnd sich
damit wider die andern zů | gegenwere ouch ze legeren, Vnd als
vnser parthie derselben jr vyend ∙ sichtig worden sind sy ge-
stracks vffgebrochen, vnd wider dieselben | jr vyend gezogen vnd
haben die mit Hilff gottes zu schantlicher ! flucht bracht vnd deren by ijᴍ. tod erschlagen so vff der walstatt ∣ beliben vnd in

einem dorff uff ein mil weges von dem here da sy jr wagenburg
ze schlahen fürgenommen hatten, als die nach jnreyss verbrant
sind, wol so vernemen wir dz die Burgunder ser clagen, | dz sy
ob iij^M· man vermissen so sy vff dem tag verloren haben sollen |
ob, lx, gefangen vnd daby ettwe menig Steinbůchsen tarress,
buchsen vnd ander buchsen, onch vil pulvers wegen rud | an-
ders von cost vnd sust varender Habe gewunnen vnd mit | num-
men zwey Rechte Burgunsch syden paner, vnd zwei gerfenlin,
mit sant Andres Crutz bezeichnet also dz uff diser sytten nye
kein mensch vmbkomen ist wol sind ettlich vnd doch nit über
vi, gewundet die dennocht all by dem leben bliben sind Darnach |
uff Donrstag nach Sannt Ottmars tag sind das Schloss vnd Statt
Ellicort nach vffgebung deren | so dar jnn gewesen und mit jrer
Habe abgeritten sind by iijc. | zů Ross vnd xl zů fuss | erobert
vnd zů handen vnsers gnedigen herren von Österrich etc. als
sin Eygenthum | bracht, der ouch das besetzt vnd innhatt | So
denn hatt | daneben, vnser gnediger Herr der Bischof von Basel
ein keyserlich Schloss genant franckemund, vnd ein teyl der ge-
geny genannt | der Trisolberg onch erobert, vud by, vc· man so
jm geholdt | haben zů sinen Handen bracht, Witter haben wir
dirre zyt mergk- | licher kelte vnd vnwitter halb nit mogen
schaffen dis wolten wir | ůwer Ersamkeit ob jr wol des hienor
onch berichtung hetten vnůer- | kunt nit lassen warlichen wis-
sende jr das zue hoher fröiden gernn | vernemen sollen, dieselb
ůwer Ersamkeit gar fruntlich bittende | was sich syt ůwer nech-
sten geschrifft zu Nuss begeben hatt | vnd was das fürnemen vn-
sers allergnedigosten Herren des R. K. etc. sye, so vil jr des wis-
sen | haben, vns des by disem vnserm botten ouch gutlich ze
berichten | Denn wir dessglichen hinwider ze tund ouch altzyt
begirlich geneigt sind das begern etc. vna cum responso dat.
vie (vigilia) Thome Anno lxxiiijto. |

                                        P. R. (Peter Rot)

7.

1476, 25. Febr.

(Staatsarchiv Solothurn, Rathsmanual Nr. II. 223.)

Ze wissen daz Min Herren Schultheissen vnd Räte zů Solotorn | hand vssgezogen mit der paner ze ziechen jn das velld | lienhart Einwo(?) von wimpffen den Schnider der zimmerlüten knecht dem dus verkúndt ist worden der fräuenlich dawider geredt | vnd das nit getan hat Daruff habent hoptlút venner vnd | Räte vss dem veld hargeschriben den obgenanten vssgezognen | gehorsam ze machen. Also hand min Herren jn tůn jn die | Keſl zelegen vnd angesechen Ein straff vſt jn zelegen da | so sind die meister von den Schnideren vnd zimmerlüten für | min herren kommen habent jnn vmb gnad gepetten dasselb | hand min Herren getan vnd jn vsser gefanknúss gelassen one | alle straff Doch dz Er daruff vor Rat hat geschworen mit | vffgeheppter hand zu got vnd den Heiligen minen Herren | Schultheissen vnd Räten gehorsam ze sind vnd si vuvssgericht ʾ ze lassen vnd ouch von diser gefangenschafft weder Herren noch | knecht darumb nit ze niden noch die gefangenschafft in niemer | me ze Effren noch ze Rechen mit Recht mit wort noch werk noch | ane Recht vnd | wa Er daz nicht hiellt vnd übersech dz Er dann als Ein | Meinaider nach vrfecht Recht söllt gestrafft werden | Vnd warend hie by jmm Rat do lienhart den Eid also | getan hat Min Herre der Allt Sshultheis Vlrich Biso | Statthallter Cantzman plust Claus Küffer Hans | Wagner Rüde Wisshar peter birenuogt Benedict Friesen- | berg, benedict vmbdorn Cůni Ris peter Emler Heinrich | Mathis, Hans Hünniker Henman Tschetti Benedict | Hagg, Hans Bletz, Hans von Brigentz, Clewe Abrecht | Cunrat Ruchti, vnd Jakob wiss, |

Ouch so hat Er gesworen by diser tagzit der paner nach zegond vnd darzů zeschwerend als ander getan hand | Vnd ist diss beschechen vff Sanntt Mathis tag Anno etc. lxxvj^{to} |

8.

1476, 28. Febr.

(Staatsarchiv Solothurn, Rathsmanual No. II. 249.)

Vff mitwoch nach Sant Mathistag Anno etc. lxxvj judex min Herre Schulths Vlrich Biso, Testess plast, Graswile Hützlib | wagner Wisbar Stëlli Hans Küffer Claus Küffer Dietschi Tschütti | Emler Hans von Brigentz Hàt von begerenss wegen dess ˙ Edeln vnd Strengen Hern Conratz von Ampringen Ritters, Vrss Steger gesagt bi dem Eyd So er zum Ràt getan hàt , dz war sy | dz zu Marten dz Büttgellt dz er vnder sinen gesellen von Strasspurg | Als pntmeister vffgenommen Den pntmeistern daselbs jn Einem werdäser (?) vngezallt geantwnrtt vnd begert hab jm | dz Abzenemen vnd zezellen Vnd als der putmeister von Switz | nit zegegne were vnd dz puttgellt dz jm jngeantwnrtt were | mit jm hin hette So wöllten si dz selb Püttgellt nit Zellen | dz Hern Conrat jnen geben Hette Vnd nement jm dz also vnge- | zellt ab vnd iberRedtend Anthonin scherer von Lutzern Dz er | dz selb püttgelt zu Andern neme Tätte dz jn ein tüch dz | worde verstrigkt vnd versigellt vnd fürtte Anthoni scherer dz | gen Bern Vnd als die pntmeister dz püttgellt zü Bern | mit sampt den büchsen wölltend teylen So were aber der | Püttmeister von Switz noch dz gellt dz jm geantwnrtt were | nit zegegne Also fürtte Anthoni scherer dz selb vnd ander ı püttgellt von jr aller pitt wegen nit jm gen Lutzern vnd dz | sölichs war sy mag er fürer tun wz recht ist wer jn dess nit | wil erlassen versigellt min Herre Schulths obgenant |

9.

1476, 11. April.

(Staatsarchiv Basel-Stadt, Miss Buch 1474—1476.)

Cölnn

Fürsichtigen etc., Also, Ist by vns komen, Gödhard von Coblen (Collen) vnd hatt vns | zu erkennen geben wiem wer liebe jn by vns gesannt hab, gǒr mit | fruntlicher beger gesynnende, nachdem uch allerley rede, des burgnnschen | Hertzogen sunder ettlicher Henel halb sich nuwlich begeben auge ӡ langt vnd doch deren dhein eigenschafft huben, uch der eigen | schaft sölicher Hendel, gunsticlichen ze berichten. Wann wir nu uwer Ersamkeit nit allein in dem sunder gar in uererm uch zů | willen vnd gefallen, begirlich geneigt sind Harumb, so gelieb ı uch ze wissen, dz sich begeben, dz der Burgnnsch Hertzog nach | erobrung des landes lothoringen sich mit einer mercklichen macht | Er mit Im zn land bracht, ouch in ober burgnun vffbracht erhept, vnd ettlichen vnser eidtgenossen anstossenden lannden sunder in der art | genant die Wåt genecheret, vnd dar jnn, ein Stätly vnd | schlosz genant Gransou durch die Eidtgenossen des vergangen sumers | mit sampt ettlichen andern Stetten vnd schlossen, erobert vnd durch ı die jren besetzt, belegert sin wagemburg dafür geschlagen | vnd vnderstanden hat, ze nöttigen, Vnd als sölichs vnser brüderlichen fründ , vnd getrüwen Eidtgenossen, von Berun, die die jren, desglichen die von Solotorun vnd Friburg in | Öchtlande, ouch die iren dar jnn gehept hand, angelangt hatt haben sich ı die selben von Bernn, vnd mit jnen, gemein orter der eidtgenossschaft | ouch wir vnd ander ir zugewandten, vfl jr ermanung mit | macht eshept, dem vermelten Hertzogen sins fürnemmens mit göttlicher Hilff | widerstand ze tund vnd damit Granuson ze entschütten vnd | vor vnd Ee sölichs komlich hatt mögen bescheen, hatt Er das schloss | durch vffgebung deren so dar jnn gewesen sind, vnd vff sin zusagen sich | an gnad ergeben haben zů sinen Hauden bracht, vnd ober solich zusagen ӡ siner vorhergebrachten gewahnheit nach weder traw noch glouben haltende, ettlich der frommer lütten | so dar inn gewesen sind, uf mitwochen vor dem Suntag Jnuocauit ı nechst verruckt an die boum tun hencken, ettlich ertrencken vnd ettlich ı by Handen behalten, vnd vff morndes donrstag ein schloss | genant Vamerkü, Ingenommen das besetzt vnd im selbs furgesatzt da | mit fur vnd fur in die Eidtgnossschaft ze rucken, dem also vorzefinde, | haben sich vnser Eitdgenossen vnd wir mit inen uff Sambstag | darnach erhept vnd vnderstanden Vamerku ze benöttigen, | als ouch bescheen ist, demselben nach sich des Hertzogen here vnd leger witter nech- | erende vnd als sich der vermelt Hertzog mit sinem Zug ouch erhept hatt gen Vamerku zu ziehende sind wir beder syt vrpflichts jm veld vffeinander gestossen vnd zu angesicht komen. vnd wie | wol die Eidtgenossen vnd wir anrucks den vorteil gehept ye doch haben | wir vns des begeben. vnd als der Hertzog das vermerckt hatt | Er sin schick durch drye huffen gemacht, vnd sin angriff mit grossem geschütz | vnd geschrye, getan. vnd als er den manlichen ritterlichen vnd | durstigen widerstand gesehen, hatt Er sich nut allein sinen zug zu Ross vnd Fuss ouch sinen buchsen wegen vnd geschirren gestracks gewent | die flucht genomon, zu siner wagemburg geyllet vnd da | fur vss gewichen. wol sich in dem zum fünfften mol gewendet | doch als dyck wider die flucht geben. Welichem Hertzogen Sy vnd | wir stets uff zwo mil weges far sin wagenburg uss bis angand | der nacht nachgefolget. vnd durch schickung gottes von dem | aller sig kompt, jm zwo siner wagemburgen mit sampt allen sinen | buchsen erobert vnd angewunnen. welicher buchsen ijc die all stein oder klötz schiessen. onch ijc Hagkenbuchsen gewesen sind. mit eben vil siner paneren vénnlin on zall sinen | Wappenrock sinen vnd des Bascharts jnnsiglen. gezelt ettlichen | sinen cleynoteren vnd nit den minsten einen gulden sessel ein mergklich Silbergeschirr, von blatten kannen schalen vnd der glich eben vil barschafft | Ettlich siner bücheren vnd was Er vnd die sinen, vf den tag : in der wagenburg gehept hand. welicher wagenburgen die eine grosser gewesen ist denn | die Stat Strassburg. vnd ist also die selbe nacht zwo stund nach | mitternacht gen Nozore kommen daselbs Er zwen tag vnd zwo | necht ou essen vnd trincken bliben ist vnd sich darnach gen losan | zu in Safoy getügt, daselbs Er sin leger au der Statt genommen hatt : sich wider vmb lüt vnd gezug bewerbende, entlich der meynung : sich noch huttbytag in die Eidtgenossschaft wollen fügen die | getat rechen oder darnmb sterben au welichem ende er noch zur zyt | mit grossen vnstatten lyt jm selb der schantlichen flucht vnd | vnzallichen verlustes gross leid gedenckende, vnd mercklichen mangel | an brot haber vnd ander cost habende, Also sind die Eidtgenossen | vnd wir derselben nacht in ein wagenburg geruckt vnd haben die bis | au den vierden tag jngehept ouch dazwuschen Granson so Er den | nocht jnnhends hatt wider gewunnen vnd die so dar jun ge- | wesen sind, vmbbracht vnd von den turnen geworffen desglichen | Vamerku ouch erobert vnd darnach bede schloss mit sampt den | wagenburgen ouch sinem Zelthuse vnd vil der wegen buchsen | pulver vnd anderm gezug verbrant, vnd daruff wider zu Huss | kert, sich gerüst haltende, des gemüts vnnd willens wa das | witter ze schulden kompt jm furer wellen begegnen vnd sich sin mit | gottlicher Hilff entladen, Vud sind an der schlacht vff siner sitten tod beliben | der Herr von Zschettegron von fürstlichem stammen des künigs | von Nappels liebhart Herr Zschan Yrban, Herr Jacob von Emerya ein pickart, der Herr von Alain all landsherren vnd Her peter von liniana ein graff asz piemond der lamparther Houptmann vnd sust by v. | oder vj^c· man, bede im veld vnd so vff dem See ertruncken | sind vnd vff vnser sitten by | xl tod vnd vff lx wundt, Syther hatt sich nützit merck- | lichs begeben verkunden wir nwer liebe in gutter meynung denn | nch vnd den uwern gunstigen willen mogen bewisen sind wir, | altzyt geneigt. Es ist ouch yetz nuwlich vnsern Eidgenossen von | Bernn ein bott vom Künig von Franckrich zu kommen, was uerer | der bringt ist vns noch nit wissen so erst wir aber des be- | richt werden wöllen wir Godorten (?) wa des nott ist | onch gutlich berichten Datum uff den hohen Donrstag | in der Karwuchen, Anno etc. lxxvj^{to.} |

H. von Bereufels.

Den fürsichtigen ersamen wisen den burgermeistern Renntmeistern | Stimeister (?) vnd Rate der Statt Colnn vnseren besundern lieben vnd | guten frunden. |

10.

1476, 17. April.

(Staatsarchiv von Basel-Stadt, Miss. Buch 1474—1476.)

Strassburg |

Fürsichtigen etc. ûwer schriben vnns geton von wegen | eins welschen buch So zů grannsson erobert so hinder vns | komen ouch durch vnnsern Zunftmeister vnd ander die vnnsern vom Rat | ludwig von Kagnegk ûwerm butt meister zu geseit sin sol, dasselb buch | gon strassburg ze schicken, das aber nit beschechen Wann aber die zitt kurtz | sie Begeren jr an vnns ûch solh bůch

mit bringer dis briefs zü schicken Inhalt uwers briefs haben wir
verstanden Vnd werdend durch vnnsern ; Zunftmeister vnd ander
vnuser Ratsfrund bericht das war das solch | büch hie sy, das habe
peter Hungerstein harbracht Vnd nach dem vnns | von ûwern vnd
vnnsern guotten frunden gemeinen eydgnossen ernstlich geschriben |
vnd in beuelh geben ist, vff sechen vnd erfarung ze haben, vmb solh
erobert | gütt vnd wo man solhs so nit an offen butten gekoufft
wer. stellig ze tün | vnd vff ze haben da mit die billicheit er-
gange. Dem nach haben wir erfaren , das gemelt büch vnd das
stellig geton Vff das ist peter hungerstein zü | den gemellten
vunsern ratsfrunden komen das büch erpordert vnd sich ver-
messen fur ze bringen das er dasselb buch an offener butt zü
solotorn erkoufft Des haben wir er warttet Ist vntz har nit beschechen Es sie ouch ; ludwig von Kageneck da nach zü jn komen
vnd habe och dasselb buch | erpordert jn ûwerm namen als ein
buttmeister. dem sie zü geseit das nit von handen kommen lassen
Sonder zuo ûweru handen behalten Dwil nu | ûwer lieb verstat
was peter hungerstein des büchs halb by vnus ; gebrucht ouch
sich fürzebringen vermessen du durch er dasselb | büch fur das
sin anzucht Harumb so bitten wir ûch mit dem genauten | Peter
Hungerstein so vil zu verschaffen da mit wir siner ausprach | an
solh büch entlediget vnd für künftigen schaden vor im bewart
werden | Wenn das beschicht wöllen wir das büch wem jr das
beuelchen | zü emphahen gütlich volgen lassen Das wöllen im
besten von vns ; vermercken Daun jr verstannden vnns das nott
sin Geben vff | mitwuch jn den ostervirtagen Anno etc lxxvi[to]. |

Hanns von Bernnfels etc.

11.

1476, 21. Juni.

(Staatsarchiv Solothurn, Denkw. Sachen V. 44.)

Vnser frûntlich willig Dienst vnd alles dz wir mit lib vnd
gut vermügent Allzit zuuor fromen | fürsichtigen wisen Sondern
gütten Fründ vnd recht getrüwsten brüderlichosten Allerliebsten
vff | gester jn der iiij stund nach mittag hand wir vwer schriben
darInn jr vns bericht den Angriff von ge- | meinen Eydgnossen

vnd allen jren zügewandten vff hütt früg wider die vyend etc.
habent wir gar wol verstanden vnd nach úwerm beger verschafft
allenthalb gott vnd Sant Vrssen anzeRůffen vnd zebitten | vns
allen den göttlichen sig zeverhengen dar Inn jung vnd allt willig
gewesen ist Wir hand öch Crütz- | geng ju vnser Statt andecht°enc-
lich ze tůnde teglich angesechen vnd ist vff hütt och beschechen
vff hütt | ist vnser gnediger Herre von Lutringen jn der xj stund
vor mittag mit xxx pferdten jn vnser Statt kommen | des glich
zwen Grauen von Bittsch vnd ein Gräf von Liningen vnd sind jn
willen noch gen | Bern ze Ryten des genantten vnsers gnedigen
Herren Zůg wirtt vff hinacht öch harkomen So sagt man | öch
dz vnser gnediger Herre von Strasspurg vnd der Margrǎf von
nidern Baden vnd ander mit einem treffen- | lich Zůg öch hie vff
hinacht sin werdent, Vnser gnediger Herre vnd getrůwer mit-
burger der land- | uogt ist vff necht mit x pferden ju der x stund
vor mitternacht von vns gen Bern geRydten vnd jn | Hoffnung
gewesen zu dem Angriff zekommen da wir gott getrůwen es
beschechen sy sin Reisiger gezůg ist och hat früg durch gen
Bern zu geRyten die sich öch nit sumen werden so verre si
mügen nil | hüpscher pferdt werdent abgeRydten vnd hinden
gelassen, Lieben Vnd recht getrůwsten brüder | Wöllent nit lässen
Sonder vns augentz berichten wie der angriff beschechen vnd mit
gott dess | allmechtigen siner mütter magt Marien Sant Vrssen
vnd alles Himelschen Herres Crafft gewürckt | vnd vnser vyend
als wir zu gott dem allmechtigen hoffen áberwunden vnd ver-
tryben sy, vmb | dz wir vns mit den vnsern des trösten vnd
tröwen mügen vnd wa mit wir úch zu Hilff vnd trost | komen
mügen dar Inn wöllent wir zu allerzit nach vnserm vermögen
willig funden werden | Damit syent gott allzit jn sin schirm
getrůwlich benolhen. Geben vff Frytag vor der xM | Ritter tag jn
der andern stund nach mittag Anno etc. lxxvjto |
     Schultheis vnd Rǎt ! zu Solotern |

  Den frommen vnd fürsichtigen wisen Hoptlüten venner |
  vnd Räten der Statt Solotern vnsern Sond
  guttten ! fründen vnd recht getrůwsten Brüder
  jetz jm Velld |

12.

1476, 5. Juli.

(Staatsarchiv Solothurn, Denkw. Sachen V. 47.)

Ludwig von gottes gnaden | Bestattigter zu Costenz |

Vnnsern fruntlichen gruss vnd was wir eren Liebs vnd guts vermügent Zuuor fürsichtigen Ersamen vnd / wysen besoundern lieben vnd gutten fründ Gott dem Almächtigen vmb das er úch vnd ůwern mit ׃ verwandten in siner göttlichen krafft, den sig wider ůwer durchächter vnd vyent verlihen hät zu dancken | vnd loben, syent wir vss vätterlicher lieb, so wir zu úch billich habent gantz begirig, dann wir solichs ׃ sigs vnd überwindung mit úch, so wir dess vernommen, nit klaine fröd empfaugen habent, ouch | solicher loblicher getätt die K. M. vnd dess hailigen richs vndertän, von gemains nutz vnd Hails | wegen, so jnen vss solichem sig entspringt billich gott loben vnd sich frowen soltind wir wellent ouch, | mit vnnser wirdigen priesterschafft, sin göttlich gnäd vmb furter sig, überwindung glück frid vnd | Hail und alles das so úch jn disen sorguältigen loffen nottürfftig mocht sin ze bitten vnablässig | sin gott wölt das wir mit lib vnd güt erschiessen möchten Ir solltent willen vnd werck loblich | an vnns vinden, Als Ir des jn vnnsern růwigern zytten, so vnns gott vnnser gerechtigkait nach, damit | er vnns begabet hät, verlihen wirt, gen úch vnd den ůwern bewysen wollent úch bittende jr wellent | solich vnnser gerechtikait úch gott ze lob vnd dem Hailigen Stul zu eren vnd úch vnd ůwern selen | zu hail beuolhen haben, Das vnns jn vätterlicher lieb gen úch zu dancken vnd erkennen kampt | Geben zu Zell jn vndersew vff Frytag nach Ůlrich Anno etc. lxxvj^{to} |

> Den Fürsichtigen Ersamen wysen vnnsern besonudern
> Lieben vnd gutten fründen Schulthaissen vnd
> Rätt der Statt Solotern |

13.

1476, 16. Juli.

(Staatsarchiv Solothurn. Denkwürdige Sachen V. 48)

Erluchtesten Herren, ouch aller fürliebsten fründ, vnd durch gots gnad aller ' vnüberwindlichosten, vss ůwern brieffen vnder dåtum, des sibenden vnd fünfzechenden tagen des Månots Juny letst verschinen, vnns | gesandt, sind wir bericht worden, den Hertzogen von Burgunn | vnnsern gemeinen vind, vd ůch vnd ůwer land, durch sin fräuel | überzogen, des gemůts vnd willens, das er das land gantz | zerstört vnd ůch vnmenschlichen verdarpte, das gott ansechend | mitt siner miltekeit gewendt, ůch Sig vnd Triumph jn | offnem veld, des Bemelten vnsers gemeinen vinds, mitt ůwerm | aller höchsten lob, verlichen hatt vnd sin gezůg, mit samptt | den strytischen gemech den ůwern Henden vnderworffen, das vnns das allergenämest, lang mitt brynenden begirden erwartet | gewäsen Jst, vnd vmb so grossen ůwern sig, Jå vnnsern, | Jst es vnns so vil lieblicher, fröudsamlicher, genämer, So vil es ůch vnd vnns, vnd vnnserem gemeinen nutz, kommlikeit | vnd nutz, fröud vnd friden, Aber Besunder ůch vnd ůwern. nåchkomen, vntödemlich, Er bringt, Vmb weliches wir dem | allmechtigen gott, vnd siner Hochgelobten gebärerin, so vil ¦ wir konnen vnd mogen danck, vnd lob sagend, Als | wir aber diss ůch so glücklichen begegnet Bericht sind, haben | wir vnnsern lieben getrůwen Råt, den Bischofen von Granobels | zů ůch mit sneller yl gesandt, das er vnnsern willen vnd | das wir Jm gemůt befangen haben vslegte vnd saget, | Es ist, vnd jst allwegens gewesen, vnnsers gemüts fürsatz | ůch jn allem ze helffen da von wir niemer stån wellen, | vnd das ůwer vnd vnnser gescheffdt, erwünscht end begriffen, | wellen wir ju kurtzem, vnnser Bottschafft zů ůwern erlůchten | Herlikeiten schicken, damitt wir den bemelten vnnsern | gemeinen vind, vnns abladen, vnd eins seligens frids ¦ gebrochen mogen, Mitt Hilff ewigs frids verlicher, der | ůch von vinden entledige, vnd sålenklich bewår, zů ewiger | ůwer nåmen vnd Herrschafft erhöchrung, Geschriben by | Petrosnni dem xvj tag Jully.

Vff dem tag bestimpt gon friburg, vff Sanct Jacobs vnd Cristofferstag, werden by ůch erschinen, die Bemelten vnnser

Botten, vnder welichen Vnnser allerliebster Sün | der Ammiral von Franckrich, dem wir vnnser Tochter | Elichen vermächelt haben, vnd ander vnnser liebsten, so ju | vnsern Räten vnd grossen sachen zethnnd, haben gewont ze sind, Geschriben als ob, |

Loys.

Den Erlûchtesten Herren, ouch vnnsern aller fûrliepsten fründen | vnd von gotts gnåd vnūberwindtlichsten, Schultheissen vnd | Räten der Statt Bernn |

<small>Gleichzeitige Uebersetzung des vermuthlich französischen Originalschreibens des Königs von Frankreich, das, soviel mir bekannt, noch nicht wieder zum Vorschein gekommen ist</small>

14.
1476, 20. Juli
(Staatsarchiv Solothurn, Denkw. Sachen V. 49.)

Erluchtesten Herren, ouch allerliebsten Fründ, von gotts gnåd, | vnūberwindlichsten, Gehört das ůwer Herrschafften zů Friburg zů samen söllen kommen, vff Sanct Jacobs tag | nechst, kůnfftig, Haben wir geordnet, als wir üch durch | ander brieff geschrieben haben, zů dem bemelten tag vnd Statt zeschicken-vnnsern allerfůrliebsten Snn, den Gräfen | von Ronssilion, Amirald von Frankreich, den Ertz Bischoff, | von vienne, vnd ettlich ander vnnser Rätt, vnd durch die, | den selben ůwern Herrschafften, ettwas zů verkünden vnd | machen vszelegen, das gemeinen nntz vnsers Richs, vnd | ůwers gemeinen nutz, berürt. Aber die wyl der selb | Sanct Jacobstag, nåch, vnd der weg länger ist, Bitten | wir, das ir ettlich tag, der vermelten vnnser botten, ůn jubruch ůwers Råts oder versamnung, nåch dem gesatzten | tag, erwarten wellend, werden Ir thun ein sach vnns | genåm, vnd nitt minder, vnns vnd ůch nutz. Damitt | syend gott beuolhen, Geben zů Roan den xxten tag | des Mànots Jully, (1476.)

Loys.

Den Erluchtesten Herren ouch aller fürliebsten fründen von | gots gnåd vnůberwindlichosten, den Herren des grossen | vnd allten Bunds Obrer Tůschen landen, |

<small>Gleichzeitige Uebersetzung, wie das Schreiben des Königs vom 16. Juli.</small>

15.

1476, 1. August.

(Staatsarchiv Solothurn. Denkwürdige Sachen V. 50.)

WIr Reinhart von gotes gnaden Herzog zů Intringen etc. | Eins vnd dess andern teils Gemein Eidgenossen dess ållten | grossen punds ober tůtschen landen von Stetten vnd lendern | Mit namen von Zürich Bernn lutzern Vre Switz Unterwalden | nid vnd ob dem walld Zug vnd Glarus tånd knnd aller | menglich mit diesem brieff daz wir dem allmechtigen got | zů lob vnd zů er vnd zů nutz trost vnd gůt vnser ouch vnser land vnd lůt vnd der tůtschen Nation mit Ein andern Ein | früntlich getrůw vereinung vnd verstentnüss habent ge- | macht vnd einandern rffrechtlich zůgeseit jn den worten | als luter hernach geschriben stand Dem ist also daz wir | beid teil vnd all die vnsern geistlich vnd welltlich vnd vnser zůgewanten ju jeglicher party land vnd gebietten fry | vnd sicher sin vnd nach notdurft aller vnd jeglicher vnser | getrůwer geschäfften zůsamend wandlen sóllend vnd | mogend vnbekümert libs vnd gůts doch mit Bezalung | Zöllen vnd der gelich sachen, als von aller her gewonlich | ist gewesen, vnd zů dem andern daz dehein vnser vorberürten | beider teilen jemand frömd volckes wer die syen durch sin | land Stett Schloss oder gepiett vff dess andern schaden vnd wider | den andern lass ziechen oder fürderung oder zůschub dar | zu gebe damit land vnd lůt möchtend bekrenckt werden | Desgelich wir ouch wieder Einandern nit tůn noch fürnemen | söllend Zů dem dritten wurd sich fügen daz wir vorgenanter | Herzog Reinhart zů Handel vnd notturfft vnser eigen geschäfft | der vorberürten Eydgenossen knecht zů Soldern begeren wurden | So söllend si vns die jn aller trůw zů ziechen lassen zů den | ziten so si mit andern kriegen nit beladen wårend vmb Einen | bescheidnen gewonlichen sold, wir vnd vnser hoptlůt sóllend | dieselben knecht vnd Soldner an kein ort legen noch fůren da die Eidgenossen daz Ir erenhalb nit erliden mügen Zů dem lesten | So ist luter beredt vnd beschlossen nach dem wir dann gemeinlich | vnd sonder wir gemein Eidgenossen von manung wegen der keyser- | lichen maystat mit dem Burgonschen Herzog ju offner vecht | vnd vindtschafft stand vnd dar Inne bys her vngesündert sind | beli-

ben daz vns allen ouch von den gnaden gotes wol hat Er-] schossen
Ob sich dann über kurtz oder lang begeben das de | weder teil
vnder vns gegen dem selben Herzog zů frid oder | bestand ko-
men ward, den wir zů beiden syten wol vffnemen | mügend So
söllend wir der selb teil der das tůt das mit söllicher | getrüwer
fürbetrachtung tůn als wir einandern schuldig | nach vsswisung
der getrüwen verEinung vnd verstentnuss so ' vormalen mit den
fürsten Herren vnd loblichen Stetten gemacht sind ' vnd sol dise
getrüw verEinung vnd verstentnuss zwüschen vns weren | vnd bestan
so lang zit vnd jar als wir die vorberürten Eidgenossen ; gegen
den jetz gemelten fürsten Herren vnd Stetten sind verbunden |
vnd der vffrecht vnd erberlich verfolgt vnd nachkomen werden
alles getrüwlich vnd vngeuarlich jn diser verEinung vnd ver-
stentnuss | habent wir Reinhart Herzog zů lutringen vorbehallten
vnd) vssgenomen den Küng von Franckrich vnd vnsern vatter
den Herzog | von Sicilie, vnd wir gemein Eidgenossen vnser pünd
vnd pflicht | wa vnd wie wir die habend Vnd dess alles zů Ei-
nem waren | vestem vrkund So habend wir die vorgenanten beid
teil namlich wir | Reinhart Herzog zů lutringen vnd wir gemein
Eidgenossen von (Stetten vnd lendern ju obgeschribner ordnung
vnser aller Insigel ; lassen henken an diser briefen zwen gelich
dess jettweder | teil Einen hat Beschechen vnd gehandellt vff den
Ersten | tag ougstmonds Anno etc. lxxvjto |

<small>Vorstehendes Actenstück ist ein Entwurf zu der unterm 7. October gleichen Jahres definitiv abgeschlossenen Vereinigung, die in den Tag-satzungs-abschieden II. 922. abgedruckt ist.</small>

16.

1476, 15. Aug.

(Staatsarchiv Solothurn, Denkwürdige Sachen V. 53.)

Fromen vnd fürsichtigen wisen Sondern gnedigen lieben
Herren üwer | fürsichtigkeit vnd gnad jst zů aller zit vnser willig
vnd gehorsam ; dienst mit erbietten aller eren vor an bereit gne-
digen vnd lieben | Herren. wir sind necht spat harkomen vnd
noch etlich potten die | nach darüber beliben der man noch wartet

vnd so balld Sy | komend So wirt vil fürgenommen vnd beschlossen dass so von dem | tag hargewisen ist vnd die büchsen geteilt vnd versechend | vns daz wir hart vor frytag hein komend denn so wöllend wir | üch abscheid des tages zů fryburg gehallten erzalen Denn die | sachen sind gericht vnd wöll gott das es getrůwlich ge- | hallten werd, Gnedigen lieben Herren von der put wegen hand | wir ůch vor geschriben vnd mag gůt sin daz jr das wol bedenken | vnd den loûffenden junkherren die das gůt aller meist mügen | haben zůhallten vnd daran wisend daz zů ůweren Handen | ze geben, So ist der jung lisser hin ab, hat sich berůmpt Er | hab Ein kostlich Ross vor Murten erobert das by sinem vatter | stand das well er nemen vnd damit zů dem Herzog von lutringen jn den Krieg Riten, daz wöllend von stund nach ůweren Eren | versechen vnd in den vnd andern sachen tuon als ander vnd sich | gepůrt, vnd vns zu allen ziten gepieten. So sond jr vns willig | trůw vnd bereit vinden, Geben zů Bern vff vnser lieben | frowen tag Assumptionis Anno etc. lxxvj^{to} !

Gautz die ůwern Vrss Steger vnd Hans vom Stall |

Den fromen vnd fürsichtigen wisen Schulthessen | vnd Rat zů Solotornn vusern sondern gnedigen | lieben Herren !

17.

1476, 7. Octob.

(Staatsarchiv von Basel-Stadt, Miss. Buch 1474–1476.)

Den Ersamen wisen vnsern besundern lieben vnd | guten frunden dem Statthalter vnd Rate zu Biell |

Vnser fruntlich willig dienst Allzyt znúor Ersamen wisen besundern lieben vnd guten Frund, ůwer schriben vns geton von des erobertten büttgnts | wegen zu Murtten wie jr durch die nwern bericht wie alda yderman | by den eyden gebotten wurde, das erobert gut zu vnser gezellt ze fůren | verhütigen lassen, vnd jn ein gemein bůt komen vnd ůff das haben | die ůwern zwen wagen vast geladen mit Harnesch trucken vnd andern jn dieselb hut fůren lassen vnd meinden es solte ein gemein Bütt |

werden Dwil es aber nit ein gemein bùtt wirt Bitten jr vns sulich | gelt so üss demselben gut erlosst sie mit dem botten ze schicken ete. | junhalt ûwers briefs haben wir verstanden vnd solh ûwer geschrifft | dem Ersamen lienhart Grieb vnserm Ratsfrund vnd zu der zyt bùtt- | meister fürgehalten Des antwurt ist Es sy war das menglich gebotten ı by den eiden solh erobert gut an die bùtt, So vor vnserm zellt gehaltten | ward ze antwartten vnd sie allen Büttmeistern vnd jm mangerley | an die bùtt gemeinlich vnd nùtzit jm jnsonders geantwurt, vnd solhs | durch die buttmeister gemeinlich verkoûfft nach bùtt recht vnd das ¦ erlosst gelt Sie worden dem Sigristen von Switz Anthang scherer von | lutzern vnd als jm fürgeben ist dem achszhalm von Berrn So all bùtt- | meister gewesen sind vnd sie jm danon gantz nützit worden jm zwifel ¦ ouch nit, jr der von Switz antwurt desselben büttgeltz halben bericht | sient Dwil un vns noch den vnsern nùtzit worden ist Bitten wir ùch | an vnser antwurt die üss warem grund gat rùwig ze sind das wollen ¦ wir zùsampt der billicheit vmb ùch verdienen Geben uff Mentag vor | sant Dyonisen tag Anno etc. lxxvj^{te}. |

Simili modo scriptum est Bernensibus cum peticione subscripta.

Bitten wir ûwer lieb mit den gemelten von Biell gutlich ze reden vnd | verschaffen an vnser antwurt benügig ze sind vnd lürer vnersucht ze lassen ᛁ Das wollen wir zùsampt der billicheit vmb ùch verdienen Geben ut supra ᛁ

18.

1476, 13. Oct.

(Staatsarchiv Solothurn, Denkwürdige Sachen V. 55.)

Min frúntlich willig dienst zunor Ersamen wison gůten fründ vnd getrúwen lieben mitburger, durch | jetz nechst ûwer schriben mit erlntrung als nechst der eidgnossen knecht ju Burgunn vff jr vind | schaden gewesen vnd etlich der minen ankomen, Die vff jr sag den vinden jr werck gehulffen zů | zerůschten vnd andern bistand getän söllen haben, daruff sy sich geschetzt, zů dem in den dingen ᛁ Sich onch verlouffen vnd gehandelt sie worden das wol darvff gestanden were vnrät vnd schaden ¦ zů enpfåchen

Vnd über den schirm die minen von den eidgnossen vnd minen lieben vnd güten fründen | von Bern. Haben sich die minen vngebürlich gehalten, Min Amptlût Anthöny von Colobir vnd ander darzu | geret das ouch beschwärnusse sich begeben möcht haben. Nach lüt ûwer geschrifft, lieben vnd guten | fründ vnd geträwen mitburger, ist sölich ûwer geschrifft von ñch vsegangen, jn trûwen vnd gutem gemerckt, das mir desglichen allweg Höuschet gern zů gütlichem widergelten verschulden. Aber nu ist der | genaugnen der minenhalb Jr verwirckung vff ûwer meldung vnkund vnd nit wüssend, Vnd mein das, ¦ wo ir grund der warheit wussen möchten. Mich des versechen jr vnschuld erknnnen wurden, wo aber ! Sölichs an jm selbs sollt sin. So ist mir jr sträff daran nit vil gelegen, Vnd ûch ist wol wussen wie ich | in sölichem schirm bin geschützt oder die minen des in vilweg genossen oder engalten haben. Vnd hienor uwerm schriben, so haben mur etlich min amptlût Namlich Anthöny von Colobir vnd ander vrlonb jr | åmpter vnd dienst geuordert, Als sy meinen vrlonb darumb zůhaben, Denn so sy von gebüren vnd | Billichkeit in allem gutten vnd mit zimen reden vnd Handlen wirt jnen alles zů argem vnd zu grossen | sorgen geachtot vnd vffgenomen. Das jr selbs wol verstän mögen mir nit wenig daran gelegen ist, ab-
| schlachen diser zitt jrs Diensts, Nütz destminder wil ich dem selben Anthöny von Colobir schriben | von disen dingen vnd ich wüss gnt sie, vnd bit ñch gütlich mit ernst, allzit das best zůtund, Als ¦ ich ñch anders nit denn vil eren vnd gůtz wol geträwen, des jr ouch zů mir wol glonben vnd versechen | mögen. geben zu badenwiler vff Sunutag vor sannt gallen tag Anno etc. lxxvjº. ¦

  Rudolff marggräff von Hochberg Gräue zů | Nûwenburg Herr zu Rottellen vnd zů Sussenburg etc.

  Den Ersamen wisen Schulthessen vnd Rätt zů Solotorn | Minen Sundern gutten fründen vnd lieben geträwen mitbnrgern |

19.

1476, 27. Nov.

(Staatsarchiv Solothurn. Denkwürdige Sachen V. 60.)

Phillpps graff von Lyningen etc.

Vnser fründtlich gruss. Lieber Herre Stattschriber. Dem nach wir | leats mit úch haben verlossen, schicken wir uch abeschrifft | der vereynunge. so vnser gnediger Herre von Lothringen mit gemeynen , eidgnossen ůffgenommen hat, vnd bitten úch mit sunderm flyss | mynen Herren von Solotorn brieffe der nach zu fertigen lossen mit | schrifften vnd versigellunge, vnd dieselben vnserm gnedigen Herren | nachschicken gen Strossburg, so sol sine gnade eynen behalten | vnd uch den andern versigelt mit siner gnaden jngesigel wider | schicken, mit ussrichtunge des Bottenlons vnd costens so doruff | gon wirt witer Haben wir keinen zwiuel jr sient abscheit des | tages zu Lutzern vuderrichtet vnd wiewol kein entlich | zusagen do gescheen sy so haben wir es doch dofůr das der zug volgen wirt vnd doruff so bewirbet sich auch | vnser gnediger Herre mit allen sachen, so dann dozu sinenthalben | notdurfftig sin werden, do ist vnsser fruntlich bette. Ir wollent | der sach zu Fürderniss, sundern Fliss anekeren, ju massen vnser | gnediger Herre uch das getrůwet. Sol vngezwiuelt vnerkant nit beliben geben zu zufůgen ůff Mitwuch nach sant | Conrats Dag anno etc. lxxvj° |

Dem Ersamen fürsichtigen vnserm sundern guten fründe dem Stat- | schriber zu Solotorn ı

20.

1476, 1. Dez.

(Staatsarchiv Solothurn, Pergamentnrkunde.)

Wir Reinhart von Gottes gnaden Herzog von Lutringen vnd Margraff Graue zuo Widemont vnd zu Harecort etc. Eins, Vnd des Andern | teils Schultheis Rät vnd die gantz gemeinde zu Solotern tůnd kund allermengklich mit disem brieff, Das wir dem

allmechtigen Gott zelob vnd zü | Er, Nutz trost vnd guott, vnser
ouch vnser land vnd lüt. vnd der Tutschen Natyon, MitEinandern
Einer fruntlichen getruwen Einung Eins worden ¦ sind, die getruwlich, wie die hernach von wortt zewortt geschriben stätt
Hallten söllent vnd wöllent, Des ersten, das wir beidteil vnd
alle die | vnsern geistlich vnd weltlich In Jetweder party land
vnd gebietten fry vnd sicher sin, vnd nach notturfft, aller vnd
jegklicher vnser getruwen | fruntlichen geschäfften vnd nit ge-
närlich zü Einandern wandeln söllen vnd mügen vnbekumbert
libs vnd güts, Doch mit bezalung Zöllen | vnd der gelich sachen
Als von Alterhar gewonlich ist gewesen, vssgenomen vnd hindan
gesetzt Schedlich vnd Misstüttig lut, Zü den | andern Das deweder
vnser obgemelten dehein frömd volck, wer die syent, durch vnser
Stett Schloss vnd gepiett vff des Andern schaden vnd ¦ wider die
Andern lassen ziechen, oder furdrung oder zuschub darzu geben
söllent damit laud vnd lut möcht bekreuckt werden Dessgelich
wir ' ouch Einandern tůn furnemen vnd bewisen söllent truwlich
an alle geuerd, Vnd mit Sonderheit sölich lüt, So vns vnd vn-
sern landen | vnd lüten schedlich sin vnd schaden zůfügen wöll-
tend wissentlich weder husen hofen Ätzen nosh trencken Jemand
vnder vns zu schaden | So denn zu dem drytten wurde sich fu-
gen, Das wir vorgenannter Herzog Reinhart, zu Handel vnd not-
turfft vnser eigenen geschäfften | Der vorgeuantten von Solotern
knechten zů Soldner begeren wurdent, So mügent SI vns die
getrüwlich zuziechen lässen zu den ziten So si | mit andern krie-
gen nit beladen würend, vmb Einen gewonlichen Sold Als man
All denn vberkomen mag Wir vnd vnser houptlüt | Söllend die
selben knecht vnd Solldner an kein Ortt · furen noch legen Da
die von Solotern das Jr Erenhalb nit Erliden mügent, Vnd sol
dise | getruw fruntlich verEinung vnd verstenttniss zwuschent
vns getruwlich weren bestan vnd gehallten werden So lang zit
vnd jar | Als wir obgeschribner Herzog Reinhart, mit gemeinen
Eidgnossen der gelich verEinung vnd verstänttniss ouch gemacht
habent weren | wirt vnd wir zu Samend verbunden Sind alles ge-
trnwlich vnd vngenarlich, Jn dieser verEinung vnd verstenttnuss
Habent wir | Reinhart Herzog zu Lutringen vorbehallten vnd vss
genomen den Kung von Frankrich, vnd vnsern vatter den Küng
von Sicili, ouch ¦ vnser pund Einung vnd pflicht, Wa vnd wie
wir die vor dieser Einung habent, Desgelich wir die von Solo-

torn, behalltend vus vor dz | Heilig Römsch Rich Ouch vnser
pund pflicht vnd Einung, wa vnd wie wir die mit jemand vor
diser Einung habent, Vnd dess Alles t zu Warem vnd Vestem vr-
kund So habent wir vorgeschribner Reinhart Herzog zu Lutringen vn-
ser fürstlich Jnsigel Vnd wir | obgenantten von Solotern Vnser
Statt insigel offenlich getǎn hencken an disen brieff Der zwen
gelich gemacht sind, vnd jetwederm | teil einer geben ist Vff
Sonntag nach Sant Andrass des zwolffbotten tag. Des jars Da man
zallt nach der gepurt Cristi Tusent | vierhundert Sibentzig vnd
Sechs Jar |

<small>Beide Siegel haugen, das des Herzogs von rothem Wachs. Auf der Rück-
seite des Pergamentes steht von gleichzeitiger Hand: Hertzog Reinhartz von
Lutringen : puntnuss mit der stat Solotorn ; Augenomen</small>

21.
1477, .. Jan.
(Staatsarchiv Solothurn, « Denkw. Sachen, » Bd. V. 62.)

Fromen fürsichtigen ersamen vnd wisen sundren gnedigen
| lieben Heren vnser gehorsam vnder tenig willig dienst Sig
eweren gnaden alle tzit bereit gnedigen lieben lieben Heren jch
tůn | eweren gnaden ze wissen Das wier in dem namen gotes
vff | Suntag ůn der zwellften stund hand den Hertzogen von | bur-
gung an geriflen for nanse vssentalb sinem leger dan ' er vus
engegen ist getzogen mit einer grossen macht mit fuslutten vnd
ze ross vnd hand in für nanse abhin geiagt | vol ein grosse mil
wegs für ein stetli vnd kloster genampt lifeltingen vnd hand
im ein merklich zal luttz da hig erschlagen | doch mag man noch
die zal wissen er hat och in dem leger ! lüttzel gutz gehebt vnd
seit man er hab ess vff der nacht | enweg geffertiget òn ist och
ein reisiger zwig fer nach gestrichen | Da sind och gross Hob-
wichsen vnd etwa mengy schlangen | bwichsen beliben es ist och von
den gnaden gotes vff vnser | siten wenig lutten wut noch tod beliben
vnd Sunder bar | von ewer stat von solotur gantz niemant beliben
och kan vich | noch keiner leg furnen schriben was man aber
fürer wirt ! fürnemen wil och vich nutt vnfer kunt nut lasen
man | seit och wie im der knnig etlich folk vnder ogen habe

geschikt | wer den wer fast gut vnd brecht fil er vnd gůt doch weis | man kein eigenschafft da von ewer hobt man hat | sich och erlich vnd redlich getragen vnd hat das folk im | gůter ornug vnd sind în och gehorsam

Hohlwtt vnd fener itz in feld for | nanse ewer willigen |

Dem fromen fürsichtigen wisen schulthessen vnd | rat zů solotur vnnsern gnedigen lieben Heren |

22.

(1477, ?)

(Staatsarchiv Solothurn, Copienbuch D. p. 60.)

WIR Der Schnlths vnd Råt zu Solotern Tůnd kund mengklichem mit vrkund | diss brieffs Das für vns komen jst der Strengen vnd fürsichtigen wisen Burgermeister | vnd Ratz der Statt Basel vnser besonder lieben vnd gůten fründen vnd getrůwen Eyd- | gnossen Ersam Ratzbottschafft vnd hatt dadirre nachuermerckten sachen halb kunt- | schafft der worheit an vns begert, welicher kuntschafft die selben vnser gůten fründ | vnd Eydgnossen von Basel gegen Zschorzel von Sursee ju Recht notturfftig weren Nam- | lichen das vns In gedenck kunt vnd wissent wer, Nach dem vnd sich die krieg zwüschen | vusern gnedigen Herren den fürsten, ouch den loblichen Stetten vnd lendern gemeiner | verEinung vnd Eydgnossschafft An einem vnd wilant dem Burgonschen Hertzogen Anders | teils Anfangs erhebt habent vnd mit Sonder durch gemein ver Eynung für genommen | worden jst Einen gemeinen Herzug für Ellikurt ze tůnde, Dessglichen dem nach manig- | falltig Herzüg Syther beschehen weren mitt namen für Blamund Granson Murtten | vnd an ander Ende, Das wir da den gemelten vnsern Eydgnossen von Basel zu mercren | malen geschriben vnd schriben lassen Hetten ernstlichen begerende vnd bittende vns vnd | Ander vnser Eydgnossen vnd zů ge wannten mit Spis und Ander notturfftiger profiånd vnd | coste ju Ansechen der notturfft züm besten jrem vermügen nach ze fürsechen vnd zü | Hertzen ze nemen das der weg ferre vnd vns vnd Ander vn-

gelegen wer sollichs nach | notturfft ze uertigen. vnd Sonderlich
jnen vff sölichs An zöig vnd befelh geben vnd getän | All fürlüt
vnd wagenlüt. Si werent von Swaben Peyeren. oder von Andern
Enden wä her | si werent, vffzehalten vnd dar zü ze wisen, da
mitt wir vnd Ander An Spis vnd coste nit | mangel hettend, vnd
das vnser Eydgnossen von Basel sölichs getrüwlich getän vnd
sich sölicher | masse dar Inne bewisen hetten das, Das vns vnd
Andern jren vnd Vnsern Eydgnossen vnd zü | gewannten, me
dann fruchtbarlich zu trost Erschossen wer etc. Wan nu kunt-
schafft der | warheit vnnb der gerechtikeit willen dem begerenden
jn recht nit zeuerzihen Sonder ; müglichen zegeben Ist, Harumb
nach zitlichem Rüte jn disen Dingen gepflegen vnd | nach gnüg-
samer Er Innernng vnser selbs, So sagen vnd schriben wir jn
einer warheit wie   wir die billichen sagen vnd schriben
söllen das war Ist, Nach dem vnd sich ; Die vorbestimpten züge
vor vnd nach begäben vnd wir besorgt An Spise vnd coste
man- | gel haben vnd nit nach notturfft mügen zü füren, Das
wir da den vertrüwen nach | wir zü den vermelten vnssern Eyd-
gnossen von Basel gehept, juen ernstlichen mit hocher ver- | ma-
nung me denn Einest geschriben vnd gebetten haben vns vnd
Ander Ir vnd vnser zü gewannten mit win brot mäl vnd anderer
notturfftiger coste vnd profiandt zum trüwlichosten ; ze versechen
vnd zu zefüren Sölicher masse damit des nit prust wer Sonder
dester fürer | narung haben vnd das veld behåren möchten vnd
vff sölichs All vnd jegklich fürlüt nnd ; wagenlüte wer oder von
wannen die weren vff ze heben vnd dar zü ze hallten sölich ;
coste gemeiner ver Eynung ze trost zu füren, Das ouch dieselben
vnser Eydgnossen mit ernst Irm | vermögen nach gen Ellikurt
Blamond Gransen Murten vnd an Ander ende getrüwlich getan |
habent Sölicher masse das das nit allein Inen Sonder vns vnd
andern jren vnd vnsern Eyd- | gnossen vnd zu gewannten zu trost-
lichem fromen Erschossen Ist, mit vrkund diss brieffs | Geben
vnder vnser Statt Secret.

<small>Das Datum fehlt. Erscheint zwischen Aktenstücken von 1477 etc.</small>

23.
1476, 16. April.
(Staatsarchiv Solothurn, Rathsmanual No. II. 315.)

Vff mentag nach misericordia Domini Anno etc. | lxxviij^{mo} jn der sach zwüschent Swaller an einem vnd dem | Graffen an dem andern teyl von dess Krepss wegen So gräff | meint dz schwaller den billich sollte jn die püt legen als ander | ju dem Twing von Zuchel nach der ordnung so si vor | der Reisz von granssen gemacht habent dz alles dz einem | geschenkt wurde, was er fünde vnd er vbrigette vnder | si gemeinlich geteylt vnd jugeleit werden sollte, Da aber | schwaller meint dz jm der Krepss zü granssen von einem Eydgnossen | geschenkt worden mit geding wenn man jm ein wortzeichen brächte | dz er dann den Krepss wider geben sollte vnd wenn graff | Redte dz der Krepss jn die pütt gelegt werden sollte | So lang er dann wenn er nit lage So were er mein Eyd Dann | Er darumb hett müssen Einen Eyd schweren vor den pütmeistern Da aber graff meint dz es billich bi der gemechtniss So si gemacht | hoben sollte beliben Ist nach klag Antwurtt, Red vnd widerred | vnd nach verhörung beider teil kuntschafft nach dem die vrteil | von dem gericht für Rät gezogen ist Im Rät erkennt dz es | billich bi der von Zuchel gemechtniss belib Vnd dz schwaller billich schuldig vnd verbunden sy denn graffen wes er der sach | zü schaden komen sy sölle Entschädigen Ab- | tragen vnd vssrichten Vff Donstag vor dem Sonntag Cantate | Anno etc. lxxviij judex min Herre Schulths Vlrich Biso Testes | Hagen Dietschi vmendorn küffer wiss Abrecht vnd der | vnzuchter Rigner ist Vlman Graffen ein vrkund der vrteil | erkennt zegeben |

24.
1480, 29. Mai.
(Staatsarchiv Solothurn, Denkw. Sachen VI. 17.)

Fromen fürnemen fürsichtigen Ersamen wisen Sonder guten frnnd vnd | getruwen lieben Eydgenossen vwer fromkeit sigen vnnser fruntlich | willig Dienust. Mit allen truwen eren liepa vnd guts so wir ver- | mogen allzitt zuuor bereit, Nachdem der from vnd Ersamm üwer | Stattschriber vnnser zuuersichtlicher gūt frund ouch vnnser | Stattschriber vnd Ulrich traber selig etlich abred antreffen Wolflin | von Runtzschan der vackuey jnngehobt vnd das gross Mortlich | Mort gütermoss so zū granson an den fronien lūten gehandelt | ist gestifft vnd zūwegen pracht sol haben Solich fbeltat nu | bisshar angestanden Nu sint wir der sach nit gantz müssig gangen | sonder so wyt achtung vf den man gehept das er von einem | Knecht dem er sin sold noch schuldig ist zu gebwilr jn des apts | von Murpach Statt zwo Mil von vuns verpotten vnd wirt ! vf Morn frūg einer der vnnser jn ouch daselbs verpieten | von siner selbs wegen Lyt also mit vier pferden zn gebwiler dar | vmb jm aller Besten So verkunden wir ūwer fromkeit soliche | Ding ob die durch schickung des almechtigen gott wolten | gestrofft werden vnd ūch an disen Dingen etwas gelegen | ist vwer pottschafft fürderlich zū vns zūschicken was wir | dann in disen sachen handlen helfen vnd Raten mogen das der | man zu ūwern vnd vnsern Handen kome wellen wir vast | gutwillig sin Dann was wir ūwern vnd vnsern getrūwen lieben Eidgenossen von Bern ouch ūch vnd allen ūwern mithaften | in allen sachen getūn vnd gedienen mohten vwern willen vnd | frūntschafft, zubehalten weren vnd sint wir von Hertzen vnd | gutem grund geneygt flissig vnd willig zu vollzichen | Geben mit Jll an Mendag vmb die elfte stund vor Mitnaht | Noch sand Vrbans tag Anno etc. lxxx vwer fürderlich | verstendig antwurt bi dem potten |

    Burgermeister vnd Rate zu Mülhusen.

 Den fromen fürnemen fürsichtigen Ersamen wisen Schultheissen vnd Rate der Statt Solotern vnsern sondern gūten Frunden vnd getruwen lieben Eydgenossen